UNIVERSITÉ DE PARIS. — FACULTÉ DE DROIT

LA
FRAUDE SUCCESSORALE

PAR

PROCÉDÉ DU COMPTE-JOINT

THÈSE POUR LE DOCTORAT

PRÉSENTÉE ET SOUTENUE

Le Jeudi 17 Mars 1910, à 3 heures

PAR

René DEPUICHAULT

Président : M. R. JACQUELIN, *professeur.*
Suffragants : { MM. JOBBÉ-DUVAL, *professeur.*
TRUCHY, *professeur.*

LIBRAIRIE
de la Société du
RECUEIL J.-B. SIREY
22, Rue Soufflot. — PARIS, Vᵉ
L. LAROSE & L. TENIN Directeurs

1910

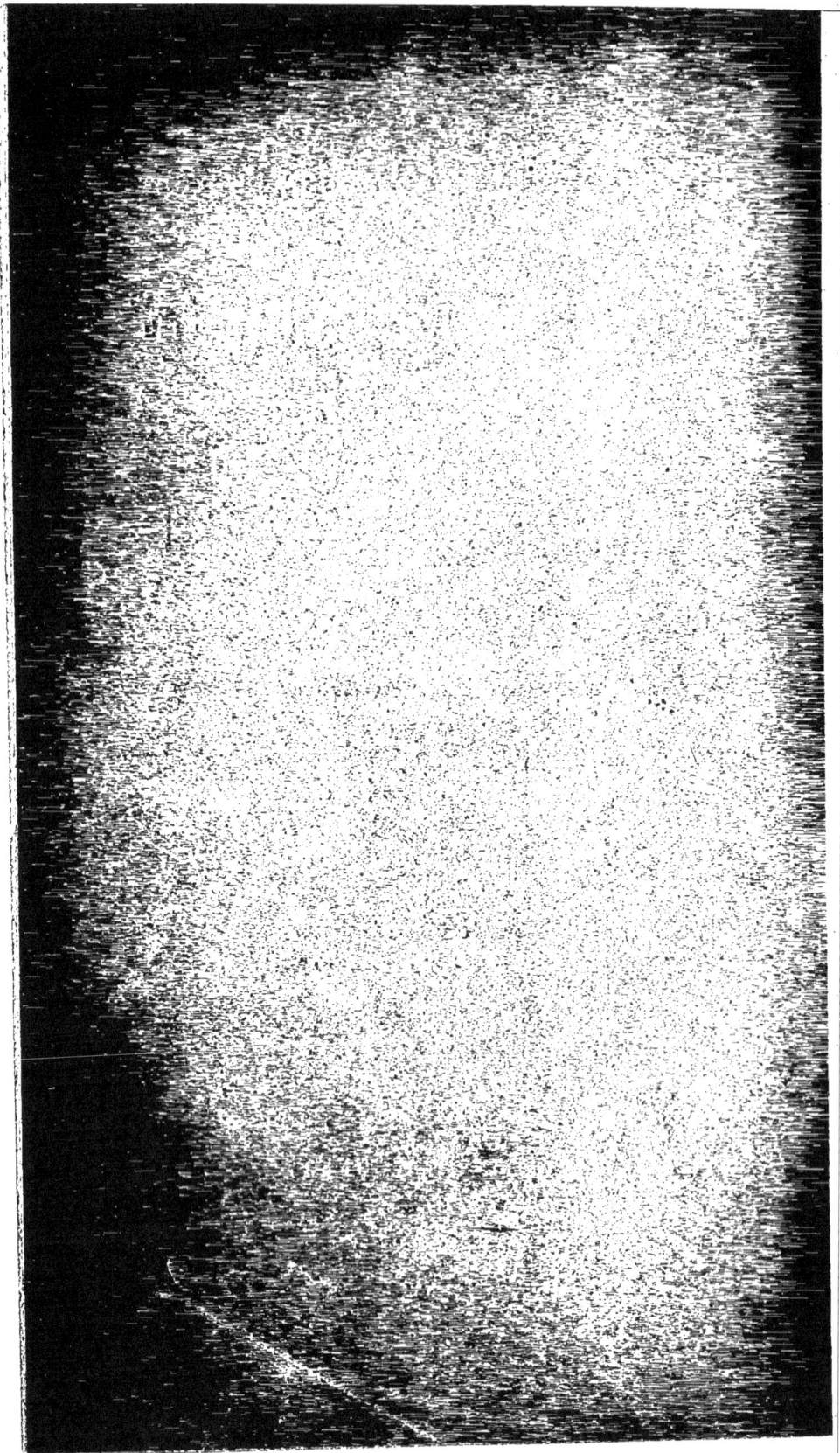

THÈSE

POUR

LE DOCTORAT

UNIVERSITÉ DE PARIS. — FACULTÉ DE DROIT

LA

FRAUDE SUCCESSORALE

PAR

LE PROCÉDÉ DU COMPTE-JOINT

THÈSE POUR LE DOCTORAT

PRÉSENTÉE ET SOUTENUE

Le Jeudi 17 Mars 1910, à 3 heures

PAR

René DEPUICHAULT

Président : M . R. JACQUELIN, *professeur.*

Suffragants : { MM . JOBBÉ-DUVAL, *professeur.*
TRUCHY, *professeur.*

LIBRAIRIE
de la Société du
RECUEIL J.-B. SIREY
22, Rue Soufflot — PARIS, vᵉ
L. LAROSE & L. TENIN. Directeurs

1910

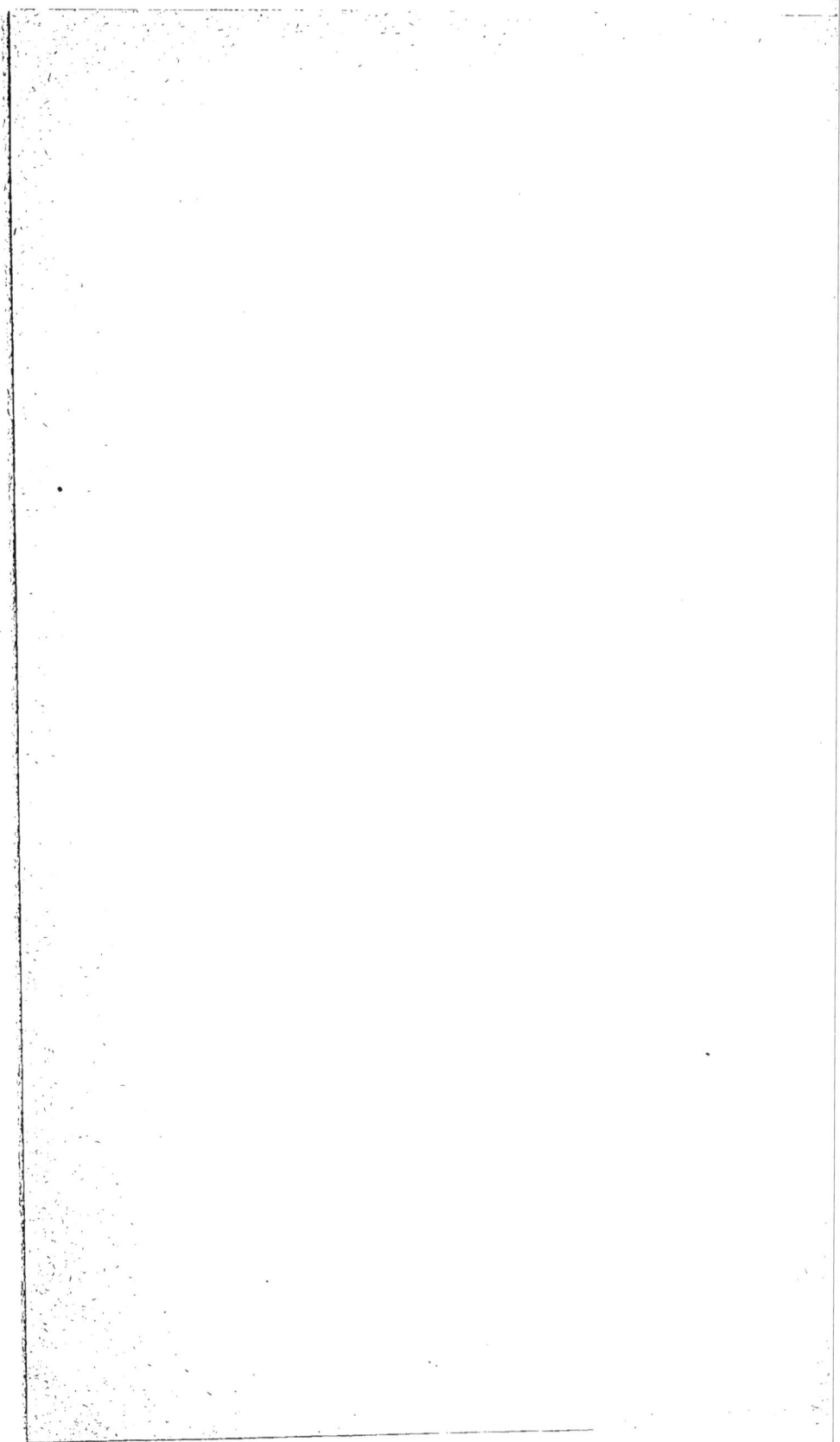

FRAUDE SUCCESSORALE

LE PROCÉDÉ DU COMPTE-JOINT

CHAPITRE PREMIER

Les droits de succession actuellement en vigueur

Le régime des droits de succession actuellement en vigueur est de date récente : il résulte en effet de la loi de finances de 1901, modifiée et aggravée sur certains points par la loi du 30 mars 1902. La grande innovation qu'apporte la loi de 1901 est l'introduction de la progressivité dans l'assiette des droits de succession. Ceux-ci en effet étaient restés jusque-là strictement proportionnels : un cousin payait pour hériter de son cousin plus qu'un fils pour recueillir la succession de son père, un étranger plus qu'un cousin ; mais, à degré de parenté égal, l'héritier d'une petite fortune payait dans la même proportion que l'héritier d'une grande fortune.

Or depuis longtemps des protestations s'étaient élevées contre ce dernier principe ; on faisait valoir qu'il est bien plus dur de payer par exemple 100 francs sur 1.000 francs que 10.000 sur 100.000, que l'héritier riche a donc bien moins de mal que l'héritier pauvre à acquitter un impôt dont la proportion reste invariable, et qu'on peut par suite sans iniquité, comme sans péril, obtenir des riches un effort mieux adapté à leurs ressources.

En conséquence la loi de 1901 renversa l'ancien principe de la proportionnalité et édicta les premiers tarifs progressifs — encore en vigueur — selon lesquels l'impôt sur les successions n'augmente plus seulement d'après le degré de parenté avec le défunt, comme autrefois, mais en outre d'après le montant de la somme héritée.

Il en résultait pour les gros héritages une aggravation considérable de droits. C'est ainsi par exemple que les successions en ligne directe — les plus fréquentes, et celles qui nous intéresseront le plus au cours de cette étude — ne payaient autrefois que 1,25 %, quel que fût le montant recueilli ; désormais les droits vont de 1 à 5 % selon l'importance de la succession. Voici d'ailleurs le tableau comparé des droits avant et depuis 1901 :

	Avant 1901	Depuis 1901
En ligne directe.	1,25 %	de 1 à 5 %
Entre époux.	3,75	3,75 à 9
— frères et sœurs. . .	8,125	8,50 à 14
— oncles et neveux . .		10 à 15,50
— grands-oncles et petits-neveux ou entre cousins germains .	8,75	
		12 à 17,50
— parents aux 5ᵉ et 6ᵉ degrés.	10	14 à 19,50
— parents au delà du 6ᵉ degré	11,25	15 à 20,50

Le « virus de la progression » (1) s'introduisait donc dans notre législation résolument engagée dans la voie où en 1894 Sir William Harcourt avait orienté la législation fiscale anglaise.

Or cette loi de 1901 résultait de délibérations qui avaient occupé la Chambre des députés et le Sénat pendant plusieurs années. Ses rigueurs trouvèrent donc un public de capitalistes mécontents, mais avertis, et depuis longtemps sur leurs gardes.

Des droits allant jusqu'à 20,50 % — plus d'un cinquième du capital recueilli — étaient bien faits pour donner un nouvel élan à l'esprit de fraude. Le législateur s'en doutait bien ; il suffit d'examiner les précautions, les formalités dont il entoure la déduction

1. P. Leroy-Beaulieu. *Figaro*, 30 sept. 1909.

des dettes du défunt en vue du calcul des droits de succession, pour voir combien il redoute la fraude, et avec quelle énergie il est décidé à la réprimer.

Nous voici donc au lendemain de l'application de la loi de 1901 ; les fraudeurs deviennent plus entreprenants que jamais. Or voyons les moyens dont dispose l'Administration de l'Enregistrement pour démasquer ces fraudes et percevoir les amendes qui punissent la non-déclaration dans les délais voulus et la déclaration insuffisante.

Ces moyens peuvent se résumer d'un mot: le droit d'inquisition. Un court exposé historique de ce droit nous permettra de montrer l'extension formidable qu'il a acquise progressivement au cours du siècle dernier, pour aboutir, de nos jours, à un pouvoir discrétionnaire et sans recours. Mais, il ne faut pas l'oublier, c'est le développement de la pratique du compte en banque qui a permis à ce pouvoir de s'exercer d'une manière de plus en plus utile pour le fisc et l'a poussé à poursuivre sans trêve l'extension de ses prérogatives. En effet jamais le pouvoir d'inquisition du fisc ne s'est exercé dans les papiers, coffres et archives des particuliers. Mais du jour où les particuliers jugèrent bon de confier leurs titres et espèces à des tiers — les banques — et à gérer leur fortune par l'intermédiaire de ces dernières, le fisc comprit vite l'intérêt qu'il y avait pour lui à exercer la surveillance la plus absolue sur ces agglomérations de capitaux peu nombreuses en somme : les copie-lettres et pièces de caisse des banques constituaient de précieux points de repère destinés à déjouer l'ingéniosité des fraudeurs. Les banques d'ailleurs ne pouvaient élever de sérieuses protestations, puisque les fraudes se commettaient à leur insu par les ordres qu'elles recevaient de leurs clients, et dont elles avaient à examiner la régularité et non l'esprit, ou les résultats indirects.

L'historique du droit d'inquisition du fisc est donc lié au développement de la pratique du compte en banque. Commençons par analyser les grands traits de ce dernier.

CHAPITRE II

Le Compte en banque

L'évolution des banques au cours du XIX siècle, le développement de leur sphère d'influence ont généralisé chez tous les capitalistes, petits et grands, la pratique du compte en banque. Le bas de laine, le coffrefort à domicile, dont Harpagon signalait déjà les dangers, ont vite disparu devant les avantages énormes que présentaient les sociétés de crédit, forme plus moderne de la banque, qui fait appel non plus comme les banques privées d'autrefois à quelques très riches clients connus de longue date, mais à la masse des petits capitalistes, dont les apports, si petits soient-ils, seront les bienvenus.

D'ailleurs les sociétés de crédit ne s'en tiennent pas aux petits capitalistes. Le XIX siècle montre leurs luttes naissantes contre les banques locales ou privées, et leur triomphe définitif grâce aux capitaux énormes que leur sphère d'influence très étendue, internationale même, leur permettait d'acquérir, grâce à leurs débouchés considérables qui les mettaient à même d'accorder à leurs déposants un taux plus rémunérateur ou des facilités plus appréciables. Il suffit de consulter les conditions d'une de nos grandes sociétés de crédit actuelles pour voir qu'elles reçoivent des dépôts restituables à vue ou à court préavis, avantages que les banques locales pouvaient difficilement consentir, le cercle restreint de leurs relations les obligeant en général aux longues immobilisations.

Les sociétés de crédit apparaissaient donc dès leur formation comme un nouvel organe essentiellement commode, accordant un taux rémunérateur et des facilités jusque-là inconnues pour le retrait des dépôts. La diversité de leurs conditions, la dissémination de leurs succursales et la publicité intense dont elles savaient fort bien se servir leur permettaient de traiter toutes les opérations de banque, depuis celles qui exigent une courte immobilisation, comme l'escompte de papier de commerce ou les reports, jusqu'aux longs placements comme les commandites d'affaires industrielles. Le public reconnut bientôt en elles un organe utile, qui devint peu à peu indispensable. Les dépôts de fonds firent d'elles les gérants des économies des petits capitalistes ; par les comptes de chèques les négociants se déchargèrent sur elles de leur très encombrant service de trésorerie ; les comptes de titres tranquillisèrent ceux qui craignent les cambrioleurs, et enfin les avances sur titres vinrent éviter aux capitalistes momentanément gênés l'embarras de recourir à des moyens plus onéreux ou de vendre leurs titres à n'importe quels cours. Si l'on avait de plus grosses économies, les conseils de la société devenaient précieux, car elle indiquait les valeurs susceptibles de hausse, elle acceptait les ordres de bourse, ce qui évitait au profane de s'adresser à ce monde de la corbeille ou de la coulisse que, par inexpérience, il craint toujours d'aborder directement.

Finalement il en fut des sociétés de crédit comme des grands magasins, où la ménagère, en y entrant, est sûre de trouver tous les objets les plus divers nécessaires à l'installation, l'entretien, l'embellissement de sa maison. Le dépôt en banque apparut bientôt comme le moyen le plus commode de mettre sous bonne garde ses économies, de les faire le mieux fructifier, tout en en gardant la disposition la plus immédiate.

Examinons maintenant les deux sortes de dépôts en banque ; le dépôt de titres et le dépôt d'espèces.

1° *Dépôt de titres.*

Le dépôt de titres en banque est véritablement un dépôt au sens du Code civil.

La banque se trouve en effet dans l'obligation de veiller à la conservation de la chose confiée, et de restituer cette dernière à première réquisition ; de plus elle est tenue de délivrer les titres mêmes qui lui ont été déposés, et dont l'identité est assurée par le bordereau numérique délivré au client ; cette dernière obligation résulte d'ailleurs de l'article 1932 du Code civil qui fait un devoir au dépositaire de « rendre identiquement la chose même qu'il a reçue ».

Cependant ce dépôt en banque n'est pas gratuit, puisqu'il est stipulé une rémunération en faveur de l'établissement dépositaire. Mais l'article 1917, qui considère le dépôt comme un contrat essentiellement gratuit, est loin d'être considéré comme étant d'ordre public. M. Planiol (t. II, p. 693) fait d'ailleurs remarquer que « la loi se contredit elle-même en admettant dans l'article 1928 qu'il peut être stipulé un salaire pour la garde du dépôt ».

Le dépôt de titres en banque rentre donc bien dans le contrat de dépôt prévu par le Code civil.

2° Dépôt de fonds

Le dépôt de fonds de banque est-il véritablement un dépôt au sens du Code civil? Analysons les grands traits de cette opération, telle qu'elle se pratique dans toutes les banques. Il est stipulé un intérêt, c'est-à-dire une rémunération, en faveur — non pas du dépositaire — mais du déposant — le dépositaire peut faire des fonds tel usage qu'il lui plaît sans rendre compte au déposant, et sans autre obligation que de restituer à ce dernier le principal augmenté des intérêts courus — et, en aucun cas, le déposant ne pourra réclamer les fonds au dépositaire avant le délai convenu.

Or nulle part dans les articles du Code consacrés au dépôt nous ne trouvons l'idée d'une rétribution à accorder au déposant. La faculté de ne pas rendre les mêmes espèces monnayées vient à l'encontre de l'article 1932, et le fait de concevoir des délais de préavis en faveur du dépositaire vient à l'encontre de l'article 1944, d'après lequel « le dépôt doit être remis au déposant aussitôt qu'il le réclame, lors même que le contrat aurait fixé un délai déterminé pour la restitution. »

Les trois arguments que nous venons de développer nous semblent suffisants pour écarter l'idée juridique de dépôt dans l'opération communément appelée dépôt de fonds. Nous préférons y voir un simple prêt à consommation, défini par l'article 1892 : « Un contrat par lequel l'une des parties livre à l'autre une certaine quantité de choses qui se consomment par l'usage, à la charge par cette dernière de lui en rendre autant en même espèce et quantité. »

Le sort des déposants de fonds et des déposants de titres est d'ailleurs différent en cas de faillite du dépositaire, et nous y trouvons la preuve certaine de la différence de nature juridique qui sépare les deux natures de dépôts. S'agit-il d'un dépôt de titres, constatés par bordereaux numériques ? Le déposant ne vient pas à la masse comme créancier chirographaire au marc le franc, mais peut revendiquer tous ses titres. Quant à celui qui a déposé des fonds, c'est un simple chirographaire astreint à subir le concours des autres créanciers. Dans un cas il y a corps certain, dans l'autre il n'en est plus de même. Aussi les dépôts de fonds figurent-ils sur le bilan, dont sont toujours exclus les dépôts de titres.

Pour nous résumer donc, il y a dépôt au cas de dépôt de titres et prêt à consommation au cas de dépôt de fonds.

Or cette distinction est intéressante au point de vue de l'application de l'article 1939 du Code civil qui fait un devoir absolu au dépositaire de ne se dessaisir du dépôt après le décès du déposant qu'entre les mains de ses héritiers.

Est-ce à dire que cette obligation n'existera pas pour le banquier au cas de dépôt de fonds, puisque cette opération constitue non un dépôt proprement dit, mais un prêt à consommation ? Certainement non ; une pareille interprétation est inadmissible, quoique le Code ne contienne au titre du prêt aucun article analogue à l'article 1939. Mais, pour se convaincre que l'obligation de ne se dessaisir qu'entre les mains des héritiers subsiste même en ce cas, il suffit d'analyser les intentions du législateur. Il est difficile à celui-ci — ou impossible — de prévenir ou de remédier aux fraudes successorales telles que le don manuel ou l'acquittement d'une dette fictive, car son intervention ne peut s'exercer utilement au moment où l'opération illicite s'accomplit; mais il est un cas où il lui devient singulièrement facile de prévenir les fraudes : c'est celui où après la mort du déposant les biens mobiliers composant l'actif de la succession se trouvent en mains tierces; il lui suffit de faire défense au détenteur de se libérer envers tous autres que les héritiers. Encore une fois l'idée principale que vise le législateur est non pas de régler un point spécial au contrat de dépôt, mais de supprimer la possibilité d'une fraude en profitant des facilités spéciales que lui offre la détention par un tiers des biens mobiliers du défunt; or cette condition se trouve aussi bien remplie dans le prêt à consommation que dans le dépôt; donc l'obligation de l'article 1939 s'applique au dépôt de fonds comme au dépôt de titres.

Étant donné que les prescriptions de l'article 1939 s'appliquent aux deux genres de dépôts, examinons la façon régulière dont les héritiers doivent opérer, à la mort de leur auteur, pour se faire délivrer le dépôt par la banque. Nous ne nous occupons, bien entendu, que de successeurs réguliers.

Il leur suffit de présenter à la banque un acte de

notoriété, constatant qu'ils sont bien les seuls ayants droit à la succession du défunt. Cet acte de notoriété, délivré par le notaire, est en général de la forme suivante :

« Par-devant nous, M°..., notaire à..., ont comparu le... MM..., lesquels ont déclaré qu'à leur connaissance il n'existe pas d'autres héritiers du sieur... décédé le... que les personnes ci-après nommées. »

Ainsi donc il suffit aux intéressés d'aller avec leurs témoins trouver un notaire pour obtenir la pièce sans laquelle la banque, soucieuse d'observer l'article 1939, ne leur délivrerait pas le dépôt. Grâce à cette pièce, ils succèdent sans difficulté à la propriété des fonds et titres qui reposaient sous le dossier du *de cujus*.

Cette simplicité du procédé faisait du compte en banque un instrument de fraude merveilleux pour les héritiers désireux de ne pas payer les droits de succession. Ils se présentaient à la banque avec l'acte de notoriété, lequel est bien enregistré, et comme tel parvient bien à la connaissance du fisc, mais ne contient ni l'indication de la banque, ni l'énumération des fonds ou valeurs, de sorte que le fisc n'avait contre eux aucun moyen d'action. Une fois les fonds et titres prélevés, les héritiers n'en déclaraient au fisc qu'une faible partie, ou même rien du tout, et, comme ils étaient tous parfaitement d'accord, le fisc subissait par le fait du compte en banque un préjudice énorme. Il y avait une lacune dans notre législation, et l'on s'en aperçut : dans toute succession il y a deux sortes d'intéressés : 1° les héritiers qu'on doit protéger contre le risque d'être évincés par des tiers,— or l'article 1939 remplit ce but, — et 2° le fisc, qui doit entrer en possession des droits de succession qui lui sont dus ; or les intérêts du fisc, à la différence de ceux des héritiers, n'étaient nullement garantis.

La loi du 25 février 1901 vint combler cette lacune, et son article 15 rend désormais impossible toute fraude par le procédé des comptes ordinaires en banque. Voici d'ailleurs l'analyse de cet article 15, dont la portée est double :

1° *Obligation pour les banques de se faire les auxiliaires du fisc.*

« Les sociétés, ou compagnies, agents de change, changeurs, banquiers, escompteurs, officiers publics ou ministériels ou agents d'affaires, qui seraient dépositaires, détenteurs, ou débiteurs de titres, sommes ou valeurs d'une succession qu'ils sauraient ouverte, devront adresser, soit avant le paiement, la remise ou le transfert, soit dans la quinzaine qui suivra ces opérations, au directeur de l'enregistrement de leur résidence, la liste de ces titres, sommes ou valeurs. Il en sera donné récépissé. »

Voilà donc bien des gens appartenant aux professions les plus diverses convertis en agents du fisc !

Et sous quels risques pour eux, en cas de négligence :
« Quiconque aura contrevenu aux dispositions précédentes sera personnellement tenu des droits et
pénalités exigibles, sauf recours contre le redeva-
ble, et passible en outre d'une amende de 500 francs
en principal. »

2° *Garanties particulières offertes au fisc par l'ar-*
ticle 15 en matière de titres nominatifs.

Pour devenir propriétaire d'un titre nominatif, il
faut acquitter la formalité du transfert. La loi de 1901
n'avait garde de dédaigner les secours précieux que
peuvent apporter au fisc les personnes qui sont char-
gées de cette opération.

« Le transfert ou la mutation au grand-livre de la
dette publique d'une inscription de rentes provenant
de titulaires décédés ou déclarés absents ne pourra
être effectué que sur la présentation d'un certificat
délivré sans frais par le receveur de l'enregistrement,
constatant l'acquittement des droits de mutation par
décès.

« Il en sera de même pour les transferts ou con-
versions de titres nominatifs des sociétés, départe-
ments, communes ou établissements publics. »

La conséquence de cet article était l'impossibilité
radicale où se trouvait désormais le compte en banque de servir aux héritiers à éviter les droits de succession. En effet, dès qu'un acte de notoriété parve-
nait à la banque, elle devait, sous peine de fortes

amendes, communiquer son contenu au fisc. Et nous
n'admettons pas un seul instant qu'une banque sérieuse consente à se dessaisir sans acte de notoriété.
Il ne peut non plus être question, pour la banque,
de la fraude qui consisterait, de sa part, à ne pas
faire la déclaration au fisc. Ce dernier jouit à son
égard d'un pouvoir d'inquisition absolu, et de nature
à décourager toute simulation, si tant est qu'on puisse
admettre qu'un établissement sérieux puisse jamais
se rendre coupable de pareils actes. Le moment
nous paraît donc venu, de faire l'historique des pouvoirs d'inquisition du fisc, et de montrer l'extension
formidable, qu'ils ont acquise depuis la loi de frimaire an VII, qui est en matière d'enregistrement
la loi organique.

Tel qu'il avait été institué par cette loi, le droit
d'investigation du fisc ne devait pas rencontrer d'opposition violente ; la loi précitée assujettissait au contrôle des agents du fisc les fonctionnaires seuls ; et
encore ceux-ci ne devaient-ils communiquer aux
agents du fisc que les actes publics obligatoirement
soumis à la taxe de l'enregistrement.

Les actes déposés chez les notaires par des tiers
échappaient à toute investigation ; et dès 1811 le fisc
était rappelé à l'ordre par la jurisprudence, décidée
à ne subir de sa part aucun empiétement.

Mais, au cours du XIXᵉ siècle, on dut vite s'écarter de
la règle qui mettait les particuliers à l'abri absolu des

curiosités du fisc. La loi du 5 juin 1850 frappait du droit proportionnel du timbre les obligations et actions des sociétés autorisées. Le fisc se voyait naturellement autorisé à se faire communiquer les registres à souche d'où provenaient ces titres. En 1857, autorisation est donnée à ses agents de se faire présenter les registres de transfert et conversion de titres, pour constater l'acquittement des droits de transmission créés la même année.

Bien autrement grave est la loi du 22 août 1871, qui crée le timbre de quittance ; la jurisprudence a depuis reconnu au fisc le droit d'investigation sur l'ensemble des pièces détenues par les assujettis et susceptibles d'être soumises au droit de timbre.

Fort de l'extension formidable de pouvoirs que lui conférait cette loi, le fisc fit désormais tous ses efforts pour donner à ses recherches un caractère discrétionnaire. Et il eut le dessus dans cette lutte de tous les instants, car la loi du 23 juin 1875 stipula par son article 2 que le droit d'investigation du fisc à l'égard des sociétés par actions devait s'exercer non seulement en vue de rechercher les infractions à la loi de 1871, mais encore en vue de découvrir les fraudes commises à l'encontre d'une loi fiscale quelconque (1).

1. La loi de 1875 n'assujettit à ce droit d'investigation illimité que les sociétés par actions. Les banques privées échappent complètement à l'application de cette loi ; cette solution a toujours été confirmée

C'en était fait du principe de la loi de frimaire an VII.

Depuis, la tendance nouvelle ne fit que s'accentuer. La loi de finances de 1893 créa pour les intermédiaires qui s'occupent d'opérations de Bourse l'obligation de tenir un répertoire constatant l'acquittement de l'impôt spécial qu'elle venait de créer sur les opérations de Bourse. L'article 88 de cette loi donne aux agents du fisc le droit de consulter non seulement le répertoire, mais encore toutes les pièces, toutes les archives des assujettis, permettant d'acquérir la certitude que tout l'ensemble de nos lois fiscales aussi bien que la loi nouvelle ont été strictement observées. C'était donc livrer banquiers (1), escompteurs, agents de change et coulissiers à l'exercice le plus discrétionnaire de la part du fisc, qui, fort de la loi de 1893,

---

par les ministres des Finances (Voir notamment le discours de M. Cail laux à la séance de la Chambre des députés du 9 février 1909 : *Off.*, p. 335).

1. La loi de 1893, contrairement à la loi de 1875, ne fait aucune différence entre les sociétés par actions et les banquiers privés.

Néanmoins la loi de 1893 n'abroge pas la loi de 1875, et il subsiste à l'heure actuelle une grande différence entre les pouvoirs d'inquisition du fisc à l'égard des banques privées et à l'égard des sociétés par actions.

Tandis que chez ces dernières il peut — sans motiver sa réquisition — se faire présenter tous documents qu'il lui plaît, cette faculté ne lui est accordée à l'égard des banquiers privés, qu'autant que sa demande a lieu à l'occasion des seules opérations énoncées dans la loi de 1893 ; aussi pas plus cette dernière que la loi de 1875 ne donne au peut désormais, s'il a un soupçon quelconque, se faire présenter toutes pièces qu'il lui plaira.

On peut dire aujourd'hui qu'aucun des livres ou documents des banques constituées en sociétés n'échappe aux investigations du fisc, sans même que celui-ci soit obligé de motiver ses demandes. De nombreuses décisions de jurisprudence nous montrent d'ailleurs le pouvoir absolu dont jouit le fisc à l'égard des banques constituées par actions.

Le Comptoir National d'Escompte de Paris refusa un jour de communiquer à un sous-inspecteur de l'enregistrement le registre des délibérations du conseil d'administration. Le tribunal de la Seine donna raison à l'inspecteur, « attendu qu'en raison de la nature de la société et de l'étendue donnée par ses statuts aux pouvoirs du conseil d'administration, le registre des délibérations dudit conseil contient principalement des documents accessoires de comptabilité…, et attendu que les agents du fisc sont tenus au secret professionnel. »

La Cour de cassation (1) confirma le jugement précité.

Par ailleurs il a été jugé que le fisc peut se faire

fisc le droit d'effectuer des recherches chez les banquiers privés en vue de découvrir les fraudes successorales.

Ces dernières, cependant, pourront être découvertes incidemment à l'occasion de recherches dûment motivées concernant des opérations de bourse, qui mettraient le fisc sur la voie.

1. D. 06.1.465.

communiquer le registre des dépôts de titres, la correspondance avec les clients. « De sorte qu'il a les moyens de savoir quels chèques nous touchons et payons, quels placements nous effectuons, quelles valeurs nous avons en dépôt, quelles opérations de Bourse nous faisons, quels sont nos besoins d'argent, quelles avances sur titres nous consentons, etc., et de s'informer si nous avons beaucoup de papier à l'escompte (1). »

On conçoit que, avec un pouvoir d'inquisition aussi étendu que celui dont jouit le fisc à l'heure actuelle vis-à-vis des banques, il soit pratiquement impossible à celles-ci de se prêter à la fraude aux droits de succession. Nous objectera-t-on que le hasard seul pourrait mettre un inspecteur de l'enregistrement sur la trace d'un dépôt dont le transfert aux héritiers n'aurait pas été suivi de la déclaration prescrite par la loi de 1901? Possible, mais hasard singulièrement à redouter étant donné l'habileté du fisc et les renseignements qui lui viennent par ailleurs et le mettent le plus souvent sur la voie, hasard qui aurait pour la banque des conditions telles qu'on conçoit facilement que la loi de 1901 ait mis radicalement fin aux fraudes que facilitait le régime de transmission des comptes aux héritiers tel qu'il existait avant le nouveau régime organisé par l'article 15.

1. *Actualité financière*, 11 septembre 1908.

Or il est bien évident que le désir d'échapper aux droits de succession était d'autant plus vif en 1901, que le tarif des taxes de mutation venait de subir une augmentation considérable, ainsi que nous l'avons vu au chapitre précédent. Les anciens procédés de fraude étaient d'un bien maigre secours ; montrons en quelques mots combien peu la reconnaissance de dettes fictives, le don manuel, et la remise par personne interposée s'adaptent aux conditions économiques actuelles au milieu desquelles s'agitent les fraudeurs.

La loi de 1901 exige pour la déduction de dettes par testament tant de conditions, et le législateur a si bien pris ses précautions qu'on peut dire avec certitude que ce moyen serait voué à un échec certain, s'il avait pour but de déguiser une fraude.

Quant au don manuel et à la remise par personne interposée, certes la forme du titre au porteur s'y prête à merveille. Mais l'attrait du dividende, la conviction de sa propre habileté dans l'administration d'un portefeuille, l'espoir de la hausse sur un titre, sont autant d'obstacles qui empêchent aujourd'hui le capitaliste de se dessaisir par avance entre les mains de ses descendants. Il veut jusqu'à sa mort contrôler l'administration d'une fortune qui lui rapporte de gros revenus lesquels, pense-t-il le plus souvent, diminueraient rapidement entre les mains de descendants qu'il croit moins habiles.

Et puis, le bas de laine a vécu. Ceux qui fraudent sont ceux qui possèdent une fortune mobilière qui en vaille la peine. Or ils se gardent bien de conserver leurs titres et espèces par devers eux-mêmes ; ils ont un compte en banque, et nous avons vu que les héritiers, même s'ils sont en parfait accord, ne peuvent se faire transférer ce compte avec la même facilité qu'ils se partageraient un trésor trouvé dans la chambre mortuaire de leur auteur ; de même ce dernier ne peut, *in articulo mortis*, disposer de son dépôt aussi facilement qu'il le ferait s'il s'agissait de fonds conservés par devers lui-même.

Il fallait donc trouver autre chose comme procédé de fraude aux droits de succession ; il fallait découvrir un moyen permettant au capitaliste de conserver jusqu'à son décès la gestion exclusive de son compte en banque, et aux héritiers de se faire transférer ce compte sans tomber sous le coup de la loi de 1901.

Ce nouveau procédé, ce fut le compte-joint.

CHAPITRE III

Le compte-joint mandat.

L'unique difficulté à vaincre pour échapper aux droits de succession, lors de la transmission du compte en banque aux ayants droit, est de trouver un procédé permettant à la banque de se libérer envers ceux-ci, sans qu'elle ait connaissance de la mort du *de cujus*.

Car la connaissance de cette mort crée à la banque deux devoirs :

1° Ne se libérer qu'entre les mains des seuls héritiers du déposant (art. 1939) à l'exclusion de toutes autres personnes.

2° Faire au fisc la déclaration prescrite par la loi de 1901.

Mais, si la banque n'a pas connaissance du décès du déposant, non seulement elle n'a pas de déclaration à faire, mais encore elle peut valablement, — le déposant étant toujours réputé vivant — suivre les prescriptions de l'article 1937, et remettre le dépôt « à celui qui a été indiqué pour le recevoir ».

Le Code lui-même indiquait aux intéressés un pro-

cédé de fraude. Ceux-ci l'utilisèrent en lui donnant
la forme juridique soit du mandat, soit de l'obligation solidaire active. Nous étudierons la forme mandat dans ce chapitre.

Le procédé est bien simple : Le déposant stipule
qu'en ce qui concerne les fonds et titres déposés par
lui, la banque se libérera valablement par des versements effectués soit à lui-même, soit à son mandataire,
dont il donne le nom ainsi qu'un spécimen de signature.

Le déposant, toujours désireux de garder, sa vie
durant, la gestion exclusive de sa fortune, pourrait
être tenté de libeller ainsi son mandat : « Le dépôt
devra être tenu à ma disposition exclusive, et après
ma mort, à la disposition de mon mandataire. »
Mais, depuis la loi de 1901, une pareille clause est
devenue impossible. Avec un contrat ainsi conçu,
l'apparition du mandataire constituerait pour la
banque l'avis du décès du déposant, et la mettrait
dans l'obligation de faire les déclarations au fisc,
prescrites par l'article 15 de la loi de 1901.

Le mandat devra donc être libellé comme nous
l'indiquions au début : La banque se libérera valablement par tous versements effectués à moi-même ou
à mon mandataire.

Il convient d'examiner au point de vue juridique,
la validité de ce mandat qui ne produit ses effets que
grâce à l'ignorance où est tenue la banque du décès
du déposant.

Ce mandat est en somme un mandat *post mortem*
mandantis; or, il se heurte aux dispositions de l'article 2003, qui fait de la mort du mandant une des
causes qui mettent fin au mandat. La question se
pose donc de savoir si l'article 2003 contient des
dispositions d'ordre public, ou si les parties peuvent
y renoncer valablement, et dans quels cas. De plus,
au cas où nous reconnaîtrions le mandat *post mortem* comme valable, nous devrons examiner si, au
cas spécial de dépôt, il peut coexister avec les dispositions de l'article 1939 qui prescrivent au dépositaire
de ne se dessaisir du dépôt après la mort du déposant qu'entre les mains de ses héritiers.

L'ancien droit admettait parfaitement la validité
du mandat *post mortem.* Pothier (1) dit même : « Le
principe que le mandat finit par la mort du mandant
reçoit nécessairement une exception lorsque l'affaire
qui en est l'objet est de nature à ne devoir se faire
qu'après la mort du mandant ».

Et Pothier ne faisait que se conformer à la tradition
du droit romain, dont Paul (2) nous donne un exemple caractéristique.

L'on trouve d'ailleurs un arrêt du 15 décembre 1664
du Parlement de Paris (3), statuant dans le même
sens que Pothier. Citons ce curieux arrêt :

1. *Mandat,* n° 108.
2. L. 26 Princ. D. *Depositi. vel contra.*, (XVI.iii).
3. Cité par Troplong, *du Mandat*, n° 147.

La fille Jeanne Lempereur dépose entre les mains de sa tante, ancienne supérieure de l'hôpital de Montdidier, 1.000 livres et des pierres précieuses d'une valeur de 100 livres, à remettre après sa mort à ses neveux chacun pour sa part, le jour de leur mariage.

Deux jours après, elle meurt, ayant institué sa nièce légataire universelle. Un de ses neveux se marie sur ces entrefaites ; la religieuse veut lui faire la remise de ce qui lui revenait selon les volontés de la défunte. La nièce s'y oppose, déclarant que ces donations ne sont pas valables, puisqu'elles ne sont pas mentionnées sur le testament ; en sa qualité de légataire universelle elle fait donc opposition entre les mains de la religieuse au paiement de ce dépôt, qui, assure-t-elle, lui revient de droit.

L'arrêt du Parlement, inspiré du Digeste, la débouta de sa demande et prononça la validité de la donation.

Passons maintenant au droit moderne.

M. Laurent (1) fait une distinction entre le mandat dont les effets commencent du vivant du mandant et celui dont les effets ne commencent qu'après la mort du mandant. Selon le célèbre jurisconsulte, le premier seul peut continuer ses effets *post mortem mandantis*, parce que « nous promettons pour nous et nos héritiers en ce sens que, si nous sommes obligés, nos héritiers le seront comme succédant à nos

1. Laurent, XXVII, nº 118.

obligations, de même qu'ils exercent nos droits ».
Or, pour leur transmettre des droits et des obligations,
il faut que ces derniers aient pris naissance, et par
conséquent que le mandat ait reçu un commandement
d'exécution, du vivant du mandant.

Voici d'autre part les arguments par lesquels
M. Laurent refuse d'admettre la validité d'un mandat dont l'exécution ne doit commencer qu'après la
mort du mandant :

« Si, à partir de sa mort, le propriétaire ne peut
plus faire aucun acte de disposition, il ne peut plus
donner mandat de faire quoi que ce soit en son nom.
En effet, c'est le mandant qui agit par l'organe du
mandataire. Or comment le mandataire représente-
rait-il et commencerait-il à représenter une personne
qui est morte? On dira que ce n'est pas le défunt
qui est représenté par le mandataire, mais ses héritiers. Ici est le nœud de la difficulté. Le défunt peut-
il lier ses héritiers par un contrat qui ne le liait pas
lui-même? Il nous semble que poser la question,
c'est la résoudre. Un contrat ne se forme que par
le concours de consentements. Or, au moment du
décès, le mandant ne peut plus consentir, et les héritiers ne consentent pas, dès lors le contrat ne peut
se former. »

La conclusion de ce développement est que : « Si
nous ne sommes pas liés, nos héritiers ne peuvent
l'être, sinon par leur consentement ; donc le contrat

ne commence qu'à partir de ce consentement. »

L'étude des arrêts concernant le mandat *post mortem mandantis* nous montrera que la jurisprudence a adopté un autre critérium que celui proposé par l'illustre jurisconsulte.

« S'il faut admettre (1), par exception à l'article 2003, qu'un mandat relatif à une opération devant être effectuée après la mort du mandant ne finisse pas par ce décès même... il ne peut en être ainsi que quand le mandat... est destiné à assurer l'exécution d'une disposition de dernière volonté valable par elle-même. »

Prenons maintenant d'autres arrêts rendus dans les cas où le mandat *post mortem* ne sert pas à la transmission de libéralités légitimes ou illégitimes, mais est l'accessoire de contrats parfaitement valables. Nous allons voir que dans ce cas les héritiers ne peuvent élever aucune prétention contre ce mandat *post mortem*.

Un arrêt de la chambre des Requêtes du 22 mai 1860 consacre la validité d'un mandat *post mortem* donné dans les conditions suivantes : Le sieur X... avait emprunté au sieur Y... une certaine somme et lui avait donné mandat de vendre des immeubles lui appartenant, le produit de la vente devant servir au remboursement des avances. Le sieur X... mourut,

---

1. D. 54.2.255. Arrêt de la Cour d'Amiens du 16 novembre 1852.

et le sieur Y... fit vendre les immeubles ; les héritiers
du sieur X... l'attaquèrent devant le tribunal, qui les
débouta de leur demande ; le contrat entre X... et Y...
n'étant entaché d'aucune fraude, la validité du mandat *post mortem* qui avait servi à son exécution était
proclamée inattaquable (1).

Même solution donnée par un arrêt du 22 décembre 1848 de la Cour de Douai, dont le commentaire
est le suivant :

Lorsque le débiteur a, comme condition du prêt à
lui fait, donné pouvoir au créancier de faire vendre
dans les formes ordinaires les récoltes de son fonds,
pour le cas où il ne s'acquitterait pas au jour de
l'échéance, et de prélever sur le prix de la vente le
montant de la créance, ce mandat n'est pas révoqué
par la mort du mandant (Douai, 22 déc. 1848, D.
51.5.352).

La conclusion qui émane de tous ces arrêts est donc
que : « La doctrine et la jurisprudence sont d'accord
pour interpréter la disposition de l'article 2003 en ce
sens qu'il a prévu le *quod plerumque fit*, c'est-à-dire
l'hypothèse habituelle où l'exécution du mandat exige
le concours constant des volontés du mandant et du
mandataire ; qu'en effet l'on conçoit parfaitement
qu'un mandat puisse être donné pour un acte exclusivement personnel au mandataire, qui, selon sa na-

1. D. 60.1.448.

ture ou selon la volonté du mandant, ne s'accomplira qu'après sa mort ; qu'il suffit alors que cet acte en lui-même n'ait rien d'illicite pour que la volonté du mandant puisse et doive être exécutée (1). »

Or, comment concilier cette solution avec celle de l'article 1939 qui, en exigeant la remise du dépôt aux héritiers, du mandant réduit à néant les dispositions de l'article 1937 d'après lequel le dépôt peut être remis à la personne désignée par le déposant, c'est-à-dire au mandataire de ce dernier. Le législateur a-t-il voulu interdire d'une manière absolue le mandat *post mortem* au cas de dépôt, alors que par ailleurs, ce mandat *post mortem*, accessoire d'autres contrats, est valable en certains cas ?

Pour résoudre cette question, il nous faut examiner quelles étaient les intentions des auteurs du Code en y insérant l'article 1939; nous les trouvons exposées dans le discours du tribun Favard devant le Corps législatif à la séance du 23 ventôse an XIII (2).

« Il semble d'abord que le dépôt devra être remis à la personne indiquée pour le recevoir, parce qu'elle est censée y avoir une espèce de droit acquis. Mais, en y réfléchissant, on voit que le déposant a conservé jusqu'à sa mort la propriété du dépôt, qu'il a pu le retirer à sa volonté, et que la destination projetée n'ayant pas eu son exécution, il en résulte que l'hé-

1. D. 1900.2.19. Arrêt de la Cour de Grenoble du 27 déc. 1898.
2. Fenet, t. XIV, p. 515.

ritier du déposant lui succède dans la plénitude de ses droits ; qu'ainsi le dépositaire ne peut pas à l'insu de l'héritier disposer du dépôt en faveur de la personne qui lui aurait été désignée, parce que le dépôt serait le fidéicommis, qui aurait souvent pour but de cacher des dispositions prohibées. Le législateur a dû écarter soigneusement tout ce qui pouvait favoriser la violation de la loi sur la disponibilité des biens, surtout après lui avoir donné la latitude qu'elle devait avoir dans nos mœurs. On ne peut donc qu'approuver la disposition du projet qui porte « qu'en cas de mort de celui qui a fait le dépôt, la chose déposée ne peut être rendue qu'à son héritier. »

La préoccupation du législateur a donc été uniquement d'empêcher qu'on fît par ce moyen des dispositions à titre gratuit prohibées par la loi, et c'est la nature toute spéciale de ce motif qui peut permettre aux tribunaux de valider des actes qui sembleraient devoir tomber sous le coup de l'application littérale de l'article 1939.

Nous considérons donc que le mandat *post mortem* est valable — au cas de dépôt — quand le mandant n'a pas d'héritiers réservataires, et qu'il est valable pour la partie correspondant à la quotité disponible, quand il y a des héritiers réservataires. Bien entendu, à charge pour le mandataire bénéficiaire de prouver que le mandat qui lui avait été conféré était bien un mandat aux fins de toucher et de garder, et non un mandat de simple gestion d'affaires, l'obligeant au remboursement des sommes perçues.

Notre système se trouve d'ailleurs confirmé par un arrêt de la Cour d'Amiens de 1852. Voici l'affaire à laquelle il a trait:

La dame Bulté avait donné mandat au sieur Bardoux de porter à Mᵉ Maquet, notaire, 20.000 francs, pour être placés au nom de Thélu-Delannoy, les intérêts restant réservés en sa faveur. Le placement fut constaté par un billet au nom de ce dernier, transmis par le mandataire à la dame Bulté, qui le conserva. Puis sentant sa fin prochaine, elle chargea son mandataire de remettre à Thélu-Delannoy, le billet après son décès. Elle mourut. Thélu-Delannoy toucha les 20.000 francs; les héritiers de la dame Bulté lui intentèrent alors un procès, aux fins d'obtenir restitution de cette somme. Le tribunal les débouta de leur demande, attendu que, n'étant pas réservataires, ils n'avaient pas qualité pour attaquer les dispositions valables de la dame Bulté, déguisées sous la forme d'un mandat. Les dispositions qui avaient présidé à la constitution du mandat étant licites, le mandat *post mortem mandatis* l'était également.

Par contre, les arrêts de la Cour de Paris cités au D. 79.1.298 et 46.1.245 ont prononcé l'annulation de mandats *post mortem* qui avaient servi à favoriser l'exécution de conventions portant atteinte aux droits des héritiers réservataires.

Ajoutons que le plus large pouvoir d'appréciation est laissé au juge, en matière de mandat *post mortem*.

En 1849, *la Presse* annonce qu'elle va commencer la publication de 63 lettres de correspondance intime adressée à Mme Récamier par Benjamin Constant, confiées par Mme Récamier quelques années avant sa mort à la dame Collet, à charge « d'en faire l'usage qu'elle jugera le plus convenable pour sa mémoire, à condition que ces lettres ne pourront être communiquées et publiées qu'après sa mort ».

La dame Lenormand, héritière de Mme Récamier, assigna *la Presse* et la dame Collet devant le tribunal de la Seine, afin qu'il leur fît défense de commencer cette publication.

Ce jugement donna tort à la dame Collet. Appel fut fait par elle. La Cour lui donna tort de nouveau et confirma le jugement du tribunal de la Seine.

Un arrêt de la Cour de Paris du 1er décembre 1876, cité au D. 78.2 73, consacre la même solution. Alfred de Wailly avait remis une lettre de la Reine Amélie à son frère Gustave ainsi que deux pièces de vers. Quand ce dernier émit la prétention de les publier, la fille de son frère s'y opposa, et le tribunal donna tort à Gustave de Wailly.

Or, il est bien évident que les mandats donnés par Mme Récamier à la dame Collet et par Alfred de Wailly à son frère Gustave n'éludaient en rien les dispositions du Code relatives à la limitation de la quotité disponible, mais la Cour estima dans les deux cas que le mandat *post mortem* devait être révoqué, comme lésant un droit des héritiers, celui d'être seuls juges de l'usage le plus convenable qu'il y a lieu de faire de documents confidentiels et intéressant d'aussi près la mémoire de leur auteur.

Ainsi donc, pour nous résumer, au cas de compte joint, la validité du mandat *post mortem mandantis*, peut être prononcée par le juge, si ce mandat est destiné à assurer l'exécution d'une disposition de dernière volonté valable par elle-même. Mais il ne faut pas oublier que le juge a un pouvoir discrétionnaire.

Le mandat donné entre conjoints ne peut donc juridiquement remplir entièrement son but, puisqu'il léserait au profit du conjoint survivant les droits des enfants, seuls héritiers et réservataires.

Or, le compte-joint est le plus souvent conclu entre époux ; il faut donc décider le manque de fondement juridique de la forme du compte-joint mandat en pareil cas, quoique la hâte déployée par le conjoint survivant qui touche le dépôt avant que la banque ait eu connaissance du décès, puisse suppléer pratiquement à l'irrégularité de cette forme de contrat, surtout si, comme dans l'hypothèse ordinaire du compte joint, la concorde règne dans la famille. Il faut cependant insister sur l'insuffisance juridique du compte-joint mandat, puisque le second procédé

que nous allons exposer, basé sur la notion de solidarité active, joint aux chances de réussite pratique,
que présente la forme mandat, l'avantage d'un fondement juridique indiscutable.

Avant de quitter les comptes-joints mandats, il nous
faut dire un mot du mandat réciproque, par lequel
certains propriétaires de comptes-joints sont parfois
tentés de remplacer la formule déjà vue de mandat
simple.

Au lieu de stipuler, ainsi que nous l'avons vu antérieurement : « M. X... donne mandat à son épouse,
Mme X..., de toucher éventuellement tout ou partie
des fonds par lui déposés à la Banque Z..., laquelle
sera valablement déchargée par tout paiement effectué à l'un d'entre eux » le contrat de dépôt, au cas
de mandat réciproque, est ainsi libellé : « M. X... et
Mme X..., se donnent mutuellement mandat de toucher
les fonds par eux déposés à la banque Z..., laquelle
se trouve valablement déchargée par tout paiement
effectué à l'un d'eux. »

Nous tenions à exposer ce procédé qui est parfois
en usage, mais nous avouons ne pas comprendre les
avantages qu'il offre sur celui du mandat simple.

Quel est dans les deux cas le décès que redoutent
les parties ? C'est uniquement la mort de celui des
deux conjoints qui est le plus expérimenté des affaires, c'est-à-dire du mari.

Le décès de l'épouse n'a dans l'espèce aucune importance. Or le résultat obtenu pratiquement dans les deux cas est à ce point de vue le même :

Si l'épouse prédécède, le mari conserve la gestion du patrimoine, qu'il a toujours exercée ; si c'est au contraire le mari qui prédécède, c'est à la femme que passe la propriété. Mais nous avons vu que le mandat simple repose sur un fondement juridique discutable ; en est-il autrement du mandat réciproque ? Ses partisans font ressortir que cette dernière combinaison est très propre à calmer les scrupules de la banque, puisque, quel que soit celui qui se présente à ses guichets, il possède la qualité de mandant (à laquelle le décès du mandataire n'apporte aucun changement), aussi bien que celle de mandataire. La banque, en payant, peut donc se dire qu'elle paie non à un mandataire, mais à un mandant, et dès lors la question de décès ne se pose plus pour elle. Or une telle interprétation ne peut être admise : quand il y a mandat réciproque, la banque n'échappe pas à l'application de l'article 1939, car il y a lieu pour elle de rechercher dans quelles limites chacun est propriétaire de fonds propres, et dans quelles mesures il est le mandataire de l'autre co-propriétaire, c'est-à-dire jusqu'à concurrence de quel montant elle peut faire au demandeur un versement qui ne tombe pas sous le coup de l'article 1939. En fait, le procédé du mandat réciproque manque son but ; il prétend créer pour la banque une sécurité, qui

dans la réalité ne peut exister; et il faut ê're bien
naïf, pour croire qu'une banque qui se rassure aussi
facilement à la légère, pourrait prendre ombrage
d'un procédé comme celui qui repose sur le mandat
simple.

Le procédé du mandat réciproque n'est donc
qu'un trompe-l'œil, puisqu'il ne peut créer pour la
banque la certitude d'une co-propriété, indépen-
dante de toute question de part virile.

Pas plus que le mandat simple, le mandat réciproque, ne repose donc sur un fondement juridique
sérieux, et bien imprudents sont les fraudeurs qui y
ont recours ; nous allons passer à l'étude du compte-
joint solidaire, qui, lui, repose sur des bases juridiques indiscutables.

CHAPITRE IV

Le compte joint solidaire.

Que le compte-joint prenne la forme de solidarité active que nous allons étudier ou la forme du mandat, la difficulté reste toujours la même : faire passer après la mort du déposant le dépôt aux mains de ses descendants, sans que ceux-ci aient à exciper de leur qualité d'héritiers, afin de ne pas créer à la banque les obligations qui résultent pour elle de la loi de 1901 (art. 15). Or nous l'avons vu, grâce à l'habileté des héritiers du déposant, et, surtout, grâce à la hâte dont ils font preuve à la mort du *de cujus,* le mandat *post mortem* peut parfois remplir son but ; mais il n'a qu'une valeur pratique, à la merci du hasard ; et juridiquement, au cas du dépôt, le mandat *post mortem* doit être considéré comme inexistant.

Il fallait donc trouver un procédé qui, tout en permettant aux héritiers de ne pas exciper de leur qualité, les mit à même de réclamer le dépôt en vertu d'un titre indiscutable.

La solidarité active s'offrit à propos aux amateurs

de fraude. La solidarité active est peu connue, au point de vue théorique, et intéresse peu ; les traités ne la mentionnent que parce qu'elle se trouve dans le Code, lequel ne lui a consacré un titre spécial qu'en souvenir du droit romain ; mais les auteurs s'accordent à considérer cette institution comme désuète, et M. Planiol résume à merveille l'opinion générale de la doctrine en disant :

« La solidarité active est sans application aucune « en matière civile (1). »

Voyons quel parti les amateurs de fraude ont pu tirer d'une institution que la science dédaigne depuis longtemps.

« L'obligation est solidaire entre plusieurs créanciers, lorsque le titre donne expressément à chacun d'eux le droit de demander le paiement du total de la créance, et que le paiement fait à l'un d'eux libère le débiteur, encore que le bénéfice de l'obligation soit partageable et divisible entre les divers créanciers (2). »

Appliquons cette conception au compte joint : voici la combinaison que nous obtenons :

« Il est ouvert à M. et à Mme X... un compte solidaire à la Banque Z..., cette dernière se trouvant dûment déchargée en cas de paiement par elle effectué à l'un des deux co-titulaires. »

1. Planiol, t. II, p. 230.
2. Art. 1197.

L'article 1197, qui donne la définition générale, permet donc d'étayer une nouvelle forme de compte-joint cadrant complètement avec le principe de la solidarité active.

Cependant l'article 1198, lui, ne peut convenir : Il donne en effet au débiteur (la Banque) le droit de se libérer à son choix envers l'un quelconque des créanciers. D'où il suit, en appliquant le Code à la lettre, que la banque pourrait, quand bon lui semble, se libérer envers l'un des dépositaires même malgré l'opposition de ce dernier. Il est bien évident qu'une pareille clause est contraire aux principes les plus élémentaires des affaires ; d'ailleurs, la recherche des motifs auxquels le législateur a obéi en instituant ce principe nous montrera que les conventions des parties sont valables à l'encontre des dispositions de cet article.

Nous avons dit que la solidarité active est une institution peu pratiquée, mais l'exemple classique cité par tous les traités est le suivant :

Primus achète un immeuble sur lequel Secundus et Tertius on des droits. Pour plus de commodités, il est stipulé entre les trois personnes précitées, que Primus pourra valablement se libérer envers l'un des deux créanciers qui lui donnera quittance complète.

Dans cet exemple classique qui fait comprendre les intentions des auteurs du Code, il faut partir de cette idée « qu'une telle solidarité n'intéresse en réalité que le débiteur ». (1) La solidarité n'est pas stipulée dans l'intérêt des créanciers. Dans le cas de la solidarité active, il s'agit d'une solidarité stipulée entre les créanciers, mais sur la demande du débiteur lui-même, dans son intérêt personnel. Celui qui achète en bloc moyennant un prix unique une maison appartenant à plusieurs propriétaires ne veut pas être exposé à l'époque du paiement à la nécessité de diviser la prestation dont il est tenu entre plusieurs créanciers, et à subir les difficultés pouvant provenir à cette époque de la situation personnelle de chacun, de son éloignement etc. Il veut au contraire pouvoir se libérer envers eux d'une somme entre les mains d'un d'entre eux, qui, s'il y a lieu, fera leur part aux autres de ce qui leur revient. Il exige, en conséquence, que les vendeurs soient solidaires, il pourra, sans doute, en résulter certains ennuis, inconvénients ou dangers, mais c'est à prendre ou à laisser, le débiteur en a fait la condition du contrat (2).

Ce droit réservé au débiteur implique d'ailleurs celui de contraindre le créancier de son choix à recevoir paiement, à lui faire des offres pour le tout, etc.

Cependant le Code ne fait ici que prévoir le *quod plerumque fit*, et a surtout en vue le cas où la solidarité active recevra son application la plus générale. Mais cette présomption légale de solidarité

1. Huc, t. VII, n° 312.

2. Huc, t, VII, n° 299.

active conçue dans l'intérêt exclusif du débiteur peut
être renversée, comme toutes autres présomptions
légales, par les conventions des parties : il est tout
à-fait loisible à la banque de renoncer librement à
des dispositions du Code qui existent uniquement
dans son propre intérêt. Lorsqu'elle reçoit des fonds
des capitalistes avec clause de remboursement au
bout de trois mois, ne renonce-t-elle pas implicite-
ment au bénéfice du terme pourtant stipulé, par le
Code, en faveur du débiteur, et ne lui devient-il pas
impossible de contraindre le capitaliste à un remboursement anticipé?

Le mandat, nous l'avons vu, a l'avantage de permettre au mandant, s'il change d'intentions, d'arrêter
le compte-joint, en révoquant le mandat, en un mot,
de rester seul maître de la gestion de sa fortune. La
solidarité active, par contre, ne lui laisse pas cette faculté, théoriquement du moins :

« Si l'un des co-créanciers se repent d'avoir admis
la solidarité, c'est vainement qu'il manifesterait l'intention de la faire cesser ; comme tout autre convention, elle ne peut être retractée, que du consentement mutuel des parties. Le décès de l'un ne saurait
y mettre fin ; elle passe aux héritiers (1). »

Profitons de cet énoncé si clair des deux savants
auteurs pour réfuter une opinion d'après laquelle la

1. Baudry-Lacantinerie et Barde : *Obligations*, t. II, p. 242.

solidarité active ne serait autre qu'un mandat réciproque que se donneraient les co-contractants (en ce sens : Duranton, t. XI, p. 183 et Dalloz, *Rép.*, art. *Oblig.*, nº 1371, sqq.).

S'il en était ainsi il suffirait de la volonté d'un seul des co-contractants pour dénoncer le contrat. Il révoquerait le mandat qu'il a donné à l'autre, et pour mettre fin au mandat qui lui a été confié par son co-contractant. Il se prévaudrait de l'article 2003 qui fait de la renonciation du mandataire une des clauses de révocation du mandat.

Or, il en est tout autrement ; l'obligation solidaire est un contrat spécial, qui, pour être dénoncé, nécessite l'accord de la volonté des deux parties.

L'opinion selon laquelle la solidarité active ne serait qu'un mandat réciproque doit être abandonnée.

La solidarité active suppose une plus grand confiance entre les deux co-contractants que le mandat puisqu'elle est plus difficile à dénoncer. Est-ce à dire qu'un co-contractant sera complètement désarmé contre le mauvais vouloir de l'autre ? La question a de l'importance, car dans l'hypothèse d'un compte-joint ouvert entre époux, l'on pourrait craindre que, si par la suite, la mésintelligence vient à se mettre dans le ménage, l'impossibilité de mettre fin à ce compte en passant outre à la volonté de l'un des conjoints soit pour l'un d'eux une cause de ruine. Un pareil danger n'est pas à craindre car l'article 1198 est en ce cas d'un précieux secours. Il fait défense à un débiteur (la banque) de se libérer envers l'un des créanciers s'il a été prévenu par les poursuites de l'un d'eux.

Si donc la mésintelligence naît entre les co-déposants, et que l'un d'eux contrairement au désir de l'autre refuse de procéder à la liquidation du compte, celui qui la désire aura un moyen bien simple d'empêcher la banque de se libérer entre les mains de son co-contractant.

Cependant il convient d'approfondir le sens du du mot poursuites. On entend par poursuites, non seulement une demande en justice, mais encore un commandement fait en vertu d'un titre exécutoire et même une simple sommation de payer. (Duranton, t. XI, p. 188.)

Et à ces procédés, nous ajouterons, dans le cas qui nous occupe, l'envoi d'une lettre recommandée, ainsi que nous l'expliquerons plus loin. Nous voici renseignés sur les formes de la poursuite ; mais cette citation fait surgir une autre difficulté. Les poursuites dont parle M. Duranton sont positives, en ce sens que le créancier réclame le paiement ; peuvent-elles être négatives, c'est-à-dire que le créancier se bornerait à faire sommation à la banque de ne pas payer à l'autre créancier ? Pour résoudre cette difficulté, il nous faut encore revenir au *quod plerumque fit* qu'avait en vue le législateur en instituant l'obligation solidaire active. La solidarité est stipulée en faveur du débiteur ; on veut qu'il se libère de sa dette dans les conditions les plus commodes et surtout les plus rapides pour lui.

Supposons qu'en vertu de l'article 1198, un créancier veuille faire au débiteur une poursuite négative, c'est-à-dire lui interdire de se libérer envers l'autre créancier, sans toutefois lui commander de se libérer envers lui-même. Dans quelle situation va se trouver ce débiteur ? Sera-t-il contraint de rester débiteur malgré lui, malgré les intentions du Code qui n'a en vue que les intérêts du débiteur ?

Il faut donc, sans hésitation, rejeter l'hypothèse d'une poursuite négative dans le cas général de la solidarité active, telle que l'envisageaient les auteurs du Code. Mais il faut en toutes choses s'inspirer des intentions des parties. La solidarité active dans la forme compte joint est stipulée dans l'intérêt des créanciers et non du débiteur. Faire une sommation négative à la banque, ce n'est d'ailleurs pas, comme ce le serait au cas général de la solidarité active, causer un dommage au débiteur, puisque c'est l'obliger à garder par devers lui des fonds que jusque-là elle a fait prospérer au mieux, non seulement des intérêts des déposants mais aussi des siens propres.

Cette mesure ne lèse donc pas les intérêts du débiteur et en certains cas sert les intérêts des créan-

ciers mieux que ne le ferait une sommation de payer.
En effet le co-créancier poursuivant peut ne désirer
qu'une simple mesure conservatoire si, par exemple,
les conditions de placement sont meilleures dans cet
établissement qu'ailleurs et si le paiement immédiat
devait occasionner une liquidation précipitée désa-
vantageuse. Il serait donc contraire à ses intérêts de
retirer des fonds si bien placés ; il désire simplement, en attendant la solution du conflit, empêcher
son co-contractant, en lequel il n'a plus confiance,
d'user de ses pouvoirs pour faire un emploi fraudu-
leux des fonds et titres qui constituent le dépôt.

La solution des poursuites négatives satisfait donc
les intérêts de la banque, et ceux du demandeur,
elle aboutit à l'égard du co-créancier au même résultat qu'au cas des poursuites négatives, puisque dans
les deux hypothèses il devient inhabile à toucher
son dû.

Une conséquence pratique de la validité des poursuites négatives, sera que, pour manifester à la banque son opposition à tout dessaisissement de sa part,
le co-contractant demandeur pourra, au lieu du
commandement et de la sommation, se contenter de
l'envoi d'une lettre recommandée. En effet, dans le
cas qui nous occupe, comme les intérêts des co-propriétaires du compte sont seuls en cause, il n'est pas
nécessaire de recourir à des moyens aussi graves
que la sommation ou le commandement, dont la

nécessité ne se comprendrait que s'il s'agissait de faire violence aux volontés du débiteur que les intérêts d'un créancier obligeraient à rester débiteur malgré lui. Or nous avons prouvé que les intérêts de la banque sont hors de cause. D'où nous concluons que l'envoi d'une lettre recommandée suffit amplement.

Cependant, il est stipulé dans beaucoup de contrats de comptes-joints que les co-déposants s'engagent solidairement et indivisément. Quelle garantie supplémentaire leur donne le bénéfice de l'indivision ? Il faut voir en cette stipulation supplémentaire d'indivision une intention des parties désireuses d'affirmer, avec plus de force, qu'elles sont bien propriétaires du dépôt en commun et, pour le tout, ainsi que de prévenir toutes recherches ayant pour but de déterminer la quote part afférente à chacune d'elles.

Or, un but aussi précis n'est rempli qu'incomplètement par la seule stipulation de solidarité. Cette dernière ne crée pas par elle seule une présomption de co-propriété entre les co-déposants, mais est considérée comme constituant simplement un mode de règlement commode, les droits respectifs des parties étant réservés. Grâce à cette présomption de co-propriété établie par la clause d'indivision, la banque ne s'étonnera pas de voir brusquement l'un des déposants lui réclamer la totalité du dépôt ; elle ne sera pas tentée de lui demander des explications, la notion d'indivision la rassurant sur l'intimité, la communion d'idées existant entre les co-déposants, et lui notifiant clairement le désir des parties, à savoir que l'établissement dépositaire ait à s'abstenir de toutes recherches concernant les parts respectives que chacun possède en propre.

Nous avons donc défini la nature juridique du compte-joint solidaire. Examinons maintenant son efficacité et voyons si à la mort de l'un des conjoints la transmission s'effectue sans encombre.

Dans la plupart des cas, le co-titulaire survivant et l'héritier du défunt se confondant en une seule et même personne, aucune opposition ne sera à redouter de la part de la banque, qui, le plus souvent, ignorera le décès, et que la clause d'indivision empêchera de s'étonner du brusque retrait de l'ensemble du dépôt.

Mais prenons le cas très spécial où le titulaire survivant n'est pas l'héritier du défunt, lequel a d'ailleurs d'autres héritiers. Soit par exemple un père de famille qui a des enfants de deux lits, et, qui, désireux d'avantager ceux du deuxième, se fait ouvrir un compte-joint avec sa seconde femme. Que devient à sa mort la situation du compte-joint ? Sa mort ne met pas fin au compte, car nous ne sommes plus au cas du mandat. Ses héritiers prennent sa place, et lui succèdent dans ses droits (disposer, donner quittance et faire opposition) comme dans son obligation, qui est d'entretenir le fonctionnement du compte avec le co-contractant survivant.

Donc, si les héritiers ne font pas opposition, la banque doit se libérer envers l'épouse survivante, qui, en se présentant à ses guichets, ne fait qu'user strictement d'un droit que la mort de son époux n'a pas rendu caduc. Bien entendu, les héritiers, s'ils ont connaissance de l'existence du compte, et craignent une spoliation, peuvent user des deux moyens suivants :

1° Ou bien réclamer à la banque le paiement de tout ou partie du dépôt, puisqu'ils succèdent à la plénitude de droits de leur auteur ;

2° Ou bien engager des poursuites aux fins de faire défense à la banque de se libérer envers le co-titulaire survivant.

Mais hâtons-nous de le répéter : lorsque deux personnes se font ouvrir un compte-joint, c'est avec la certitude qu'aucune circonstance particulière ne viendra créer des difficultés, de nature à éveiller l'attention du fisc, écartons donc l'hypothèse de l'existence d'enfants d'un premier lit.

Dans la plupart des cas, les co-titulaires sont deux époux désireux que le survivant d'entre eux transmette à leurs enfants un patrimoine non diminué par les prélèvements du fisc. Donc, l'hypothèse de contestations entre co titulaire survivant et héritiers, c'est-à-dire entre père ou mère et enfants, se trouve exclue de la pratique, et aucune opposition ne se produit lorsque la mère se présente aux guichets de la banque.

Il peut paraître, à premier examen, plus logique de conclure un compte-joint entre père et enfants, plutôt qu'entre mari et femme afin d'opérer chez les survivants, la confusion des qualités d'héritiers et de co-propriétaires survivants.

Mais ce système est impossible pratiquement au cas où les enfants sont mineurs. Le compte-joint, en effet, a uniquement pour but de frauder le fisc. Des parents peuvent trouver bon de le faire dans l'intérêt de leurs enfants, mais aucun tuteur ne prêterait la main à pareille opération. Par suite, l'ouverture d'un compte-joint entre époux et non entre ascendants et descendants, évite, lors du règlement de la succes-cession, de courir le risque du refus qu'opposerait le tuteur à toute demande du conjoint survivant ten-dant à ne pas mentionner sur l'inventaire les fonds provenant dudit compte-joint.

En résumé, le compte-joint sous la forme solidaire a un fondement juridique indiscutable ; à la diffé-rence du mandat il survit à la mort d'un des déposants, et quand il est ouvert entre époux dans une famille où il n'y a pas d'enfants d'un premier lit, il ne peut donner lieu à aucun mécompte.

On devine combien la fraude, grâce à un procédé aussi merveilleux prit une extension rapide, et com-bien nos législateurs éprouvèrent vite le besoin de prendre à son égard des mesures spéciales.

CHAPITRE V

Comment le compte joint est devenu impossible à pratiquer en France.

La loi de 1901 se trouva impuissante contre les comptes-joints qu'elle n'avait pas prévus. En effet, le fisc n'était averti de l'ouverture d'une succession conformément à la loi précitée qu'autant que l'établissement dépositaire lui-même avait connaissance de cette ouverture de succession. Or, il était devenu impossible aux établissements d'acquérir cette connaissance, puisque tel était le but que se proposaient les comptes-joints. Le mandataire, le co-créancier survivants avaient vite fait de se faire délivrer le dépôt par la banque, et celle-ci ne pouvait voir dans leur visite la preuve du décès du mandant ou de l'autre co-titulaire du compte.

Dira-t-on que les banques, en voyant pour la première fois se présenter à elles un ayant-droit qui faisait retrait de la totalité du dépôt, auraient dû concevoir des soupçons, et en faire part au fisc ? Ce serait une erreur, car nous trouvons dans une Ins-

t ruction adressée par l'administration de l'enregistrement à ses agents relativement à l'exécution de l'article 15 de la loi de 1901, l'indication très stricte des
cas où la banque est réputée avoir connaissance de
l'ouverture de la succession, c'est-à-dire des cas précis où, de par la loi de 1901, elle se trouve dans
l'obligation de faire aux fisc les déclarations que
l'on sait. Voici le passage intéressant de cette instruction.

« La connaissance que le législateur a voulu que
les Sociétés ou personnes visées par la loi de 1901
eussent de l'ouverture de la succession ne saurait
résulter de la notoriété publique, ni d'une information indirecte, mais seulement du fait que, pour obtenir la remise, le paiement ou le transfert de titres
sommes ou valeurs, l'intéressé aura dû invoquer sa
qualité d'héritier ou se prévaloir du décès de son auteur .»

Ainsi donc, quand la banque n'a que de vagues
soupçons, elle n'a aucune déclaration à faire au fisc.

La loi de 1901 se trouvait donc absolument désar-
mée à l'égard des comptes-joints.

La loi du 31 mars 1903 vint à propos donner au
fisc une arme à deux tranchants : désormais l'administration était sûre de recouvrer les droits qui lui
étaient dus, et la combinaison des comptes-joints ouverts en France perdait toute efficacité.

Les banques se trouvent désormais dans la situation de véritables auxiliaires du fisc. Voici en effet les obligations qui leur incombent de par l'article 7 de la loi de 1903 :

1° Déclarer au fisc les comptes-joints qu'elles ouvrent à leurs clients.

« Les dépositaires devront dans les trois mois au plus tard de l'ouverture d'un compte-joint ou collectif avec solidarité, et dans les trois mois de la présente loi pour les comptes de cette nature antérieurement ouverts, faire connaître au directeur de l'enregistrement du département de leur résidence, les nom, prénom et domicile de chacun des déposants, ainsi que la date de l'ouverture du compte, sous peine d'une amende de 500 francs à 5.000 francs. »

2° Donner au fisc — sur réquisition de celui-ci — un état du compte à la date que l'administration fixera comme étant celle de l'ouverture de la succession.

« Les dépositaires devront de plus, dans la quinzaine de la notification qui leur sera faite par l'administration de l'enregistrement du décès d'un des déposants, et sous la sanction édictée par le dernier alinéa de l'article 15 de la loi du 25 février 1901, adresser au directeur de l'enregistrement de leur résidence, la liste des titres, sommes ou valeurs existant, au jour du décès, au crédit des co-titulaires du compte. »

Mais le co-titulaire survivant aurait pu arguer que lui seul était propriétaire des fonds et titres déposés et qu'il s'était fait ouvrir un compte-joint avec le défunt, non pour échapper aux droits de succession, puisqu'il s'agissait d'un dépôt lui appartenant en propre, mais dans le seul but de se décharger des soins de l'administration de sa fortune, et de la confier au défunt, dont il appréciait particulièrement les rares capacités. Et il aurait été très difficile au fisc de prétendre le contraire, puisque la charge de la preuve lui aurait incombé, sans qu'il pùt trouver les éléments nécessaires pour faire triompher sa prétention.

Pour prévenir cette difficulté, l'article 7 crée une présomption légale de part virile s'appliquant aux co-titulaires du compte-joint. Désormais, ils sont réputés propriétaires chacun pour moitié; le fisc est assuré de toucher à la mort de l'un quelconque d'entre eux les droits sur la moitié au moins de l'actif successoral, sauf aux intéressés à faire la preuve du contraire. L'article 7 crée donc un grand avantage au fisc en lui évitant, par une disposition spéciale, le fardeau de la preuve.

On pourrait être tenté de trouver dans cet article 7 la possibilité d'un résultat — certes moins bon qu'avant la loi de 1903 — mais tout de même appréciable pour les fraudeurs en certains cas :

En effet, supposons un compte-joint ouvert entre un mari qui possède tout et sa femme qui ne possède rien. Le mari prédécède; le résultat est qu'en vertu de la présomption créée par l'article 7 — qu'elle se gardera bien de renverser, — la femme (ou les enfants qu'elle représente) ne paiera que la moitié des droits sur la succession, alors que sans le compte-joint elle (ou ses enfants) auraient été soumis à l'application intégrale du tarif. Malheureusement, ces avantages ont un revers : Si c'est la femme qui prédécède, le mari aura à acquitter moitié des droits de succession sur le montant total d'une fortune qui lui appartient en propre. Dira-t-on que l'article 7 lui confère le droit de renverser la présomption de part virile? Il faut se rappeler qu'il s'agit uniquement de meubles, et que, par conséquent, la preuve contraire sera bien difficile à établir, nous disons même impossible.

Résumons donc les dangers du compte–joint en France, tels qu'ils résultent de l'application de la loi de 1903 : Le secret des opérations n'est pas gardé ; en aucun cas on n'échappera au paiement intégral des droits de succession ; parfois même on les paiera deux fois (enfants dont les parents sont co-propriétaires d'un compte joint, et dont la mère prédécède : le père paie une première fois les demi-droits, et les enfants les paient une seconde fois à la mort de leur père).

Faire l'exposé de pareils désavantages et de si gros risques, c'est indiquer clairement que le compte-joint est devenu d'une pratique radicalement impossible en France.

M. Wahl cependant soutient des conclusions opposées aux nôtres (1), et n'attribue pas une portée aussi absolue à la loi de 1903, « dont l'article 7 pour plusieurs raisons ne saurait atteindre que très imparfaitement son but », et ce, qu'il s'agisse du compte-joint mandat aussi bien que du compte solidaire.

A l'égard des comptes-joints mandats, le savant jurisconsulte fait valoir que la loi de 1903 n'ayant parlé que des comptes-joints solidaires, la banque peut recevoir des comptes de la première variété, sans être obligée de déclarer leur ouverture au fisc.

A l'égard des comptes-joints solidaires, M. Wahl fait valoir qu'il est facile aux déposants d'éviter les conséquences de la déclaration d'ouverture de compte que devra faire la banque à l'administration de l'enregistrement. Pour cela, le déposant n'a besoin que de donner à la banque une fausse indication de domicile, ou même à n'en donner aucune.

1° « Rien n'oblige le déposant à indiquer son domicile ; le dépositaire peut accepter un dépôt effectué par une personne dont le domicile ne lui est pas indiqué ; la régie connaîtra alors très difficilement les rapports entre le déposant et le dépositaire, on ne pourra établir au bureau de l'enregistrement dans le ressort duquel le déposant est domicilié, aucun compte permettant, après son décès, d'aviser le dépositaire

1. Clunet, 1905, nᵒˢ 1 et 2.

et de provoquer de sa part la déclaration de ses titres
et valeurs. »

2° « Que les déposants donnent au dépositaire une
fausse indication de domicile ; c'est le domicile fictif qui sera notifié à la régie ; c'est au bureau du domicile fictif qu'on tiendra note du dépôt, et, comme
le décès se produira dans le ressort d'un bureau auquel le dépôt restera ignoré, la régie n'aura pas l'occasion de faire au dépositaire la dénonciation à la
suite de laquelle ce dernier devra fournir la liste des
titres ou valeurs. »

Nous nous permettrons quelques objections aux
remarques de M. Wahl :

Si le fisc reçoit l'avis d'ouverture d'un compte-
joint sans indication de domicile, il fera des recherches pour découvrir ce dernier ; et l'on peut être
certain que les indications de domicile qui figurent
sur les déclarations des banques sont soigneusement
contrôlées par l'administration, qui, si elle s'aperçoit
d'une inexactitude, fera des recherches pour la rec-
tifier. Or nous n'insisterons pas sur la facilité avec
laquelle l'administration arrivera à connaître finalement l'adresse des intéressés : les renseignements de
la préfecture de police sont à sa disposition, et bien
d'autres encore. Sans grand mal, elle arrivera à déjouer la ruse des fraudeurs en pareil cas.

D'ailleurs il nous semble impossible qu'une banque
ouvre un compte avec fausse indication de domicile.

En effet, toutes les fois qu'une banque effectue un versement en vertu d'un compte courant, le jour même, ce versement se trouve confirmé par une lettre officielle que la banque adresse aux titulaires du compte, pour leur donner avis de débit. Si donc l'adresse est fausse, la lettre reviendra à la banque, qui, lors de la prochaine visite de son déposant, ne manquera pas de le prier d'indiquer son adresse véritable. Dira-t-on que le déposant peut prier la banque de ne lui adresser aucune lettre ? Nous ne croyons pas qu'un établissement sérieux consente jamais à une pareille dérogation aux principes de gestion les plus usuels en matière de banque, et veuille se prêter à une combinaison qui sent manifestement la fraude, et l'expose tout au moins au légitime recours des héritiers éventuellement lésés, agissant en vertu de l'article 1382.

D'ailleurs, même en admettant que la banque par impossible, ouvre un compte dans de pareilles conditions, nous avons vu que le fisc a les moyens de découvrir rapidement et à coup sûr le domicile des intéressés.

Voilà pour le compte solidaire ; passons maintenant au compte mandat.

M. Wahl prétend à bon droit qu'ils ne sont pas soumis à la déclaration au fisc, lors de leur ouverture ; c'est indiscutable. Mais est-ce à dire qu'ils offrent malgré la loi de 1903 un moyen de fraude, qui vaille la peine d'être pratiqué? Tel n'est pas notre avis. Nous avons montré que dans la plupart des cas les comptes-joints de cette nature manquent de fondement juridique. De plus, il a été créé autour de cette question des comptes-joints une telle polémique, que le fisc serait en droit de prétendre que toutes les fois que deux clients se font ouvrir un compte-joint mandat — le mandataire ne jouant jamais aucun rôle dans la gestion du compte malgré les droits à à lui conférés par le contrat — la banque doit être rendue singulièrement méfiante, lorsqu'elle voit se présenter pour la première fois à ses guichets une personne qui brusquement lui demande de se dessaisir entre ses mains de la totalité du dépôt. Certes, la banque n'a pas alors connaissance, au sens de la loi 1901 de la mort du mandant, et le paiement fait au mandataire dans l'ignorance du décès du mandant est valable, mais dans ces circonstances le fisc aurait des raisons sérieuses de mettre en doute la bonne foi de la banque, et de lui reprocher de n'avoir pas, lors du versement, recherché si le mandat est toujours valable. Évidemment, s'il s'agissait d'un compte, fonctionnant par des tirages et des remises fré-quentes du mandant aussi bien que du mandataire, on pourrait excuser la banque de ne pas engager chaque fois de longues recherches ; mais ici on ne peut lui trouver pareille excuse ; l'opération lui laissait parfaitement le temps de s'enquérir de la validité du mandat, d'autant plus que sa défiance devait être mise en éveil. Le fisc, ou les héritiers dépossédés, pourraient donc, en ce cas encore, poursuivre valablement la banque pour faute lourde, et cette dernière ne serait certainement pas admise à invoquer en sa faveur le bénéfice de l'article 1240 qui valide le paiement fait de bonne foi.

Notre opinion bien arrêtée est donc que depuis la loi de 1903 le compte-joint mandat aussi bien que le compte-joint solidaire ne peuvent donner lieu qu'à des mécomptes et qu'ils sont en France d'une pratique radicalement impossible.

La loi de 1903, d'ailleurs, ne s'est pas contentée de prévenir toutes fraudes par le procédé du compte-joint, venant du fait de Français domiciliés en France ; elle contient des dispositions spéciales destinées à prévenir les fraudes que seraient tentés de commettre les étrangers qui, en qualité d'héritiers, se feraient délivrer le dépôt de leur auteur, sans acquitter les droits de succession. La banque ferait bien alors la déclaration prescrite par la loi de 1901, mais il serait trop tard, car les héritiers étrangers, domiciliés à l'étranger, et n'ayant pas d'autres biens en France échappent à tout recours ultérieur du fisc français.

La loi de 1903 a mis un terme à cette situation. Son article 3 prescrit, dans le cas qui nous occupe, aux « sociétés, compagnies ou personnes désignées au paragraphe 3 de la loi du 25 février 1901, article 15, d'observer les prescriptions énoncées au paragraphe 15 du même article de la dite loi, avant de se dessaisir du dépôt ». Voici quelles sont ces prescriptions. « Il est fait défense aux Compagnies d'assurances de se libérer des sommes, rentes ou émoluments quelconques dus par elles, à raison du décès de l'assuré à des bénéficiaires autres que le conjoint survivant ou les successibles en ligne directe, si ce n'est sur la présentation d'un certificat délivré sans frais par le receveur de l'enregistrement, constatant soit l'acquittement, soit la non exigibilité de l'impôt de mutation par décès ». Mais les Compagnies d'assurances peuvent procéder autrement, si elles le préfèrent ; au cas où les intéressés tiennent à toucher immédiatement, et à ne pas se donner le mal d'aller trouver le receveur de l'enregisrement, elles ont la faculté de retenir sur les sommes à verser, et de conserver jusqu'à la présentation du certificat du receveur, une somme égale au montant de l'impôt calculé sur les fonds, rentes ou émoluments dus par elles.

D'où découle depuis 1903 pareille obligation pour les banques francaises, lorsque des héritiers étrangers viennent se présenter à leurs caisses ; elles doivent donc, avant de se dessaisir du dépôt (1), leur de-

1. M. Caillaux a , par une lettre écrite en date du 8 mars 1901 à MM. Vernes et Lehideux déclaré que « les seules valeurs qui soient atteintes par la loi française sont les valeurs françaises, lorsque le

mander la production du certificat constatant le paiement des droits au fisc, ou retenir un montant correspondant à ces droits (1).

Nous avons tenu à mentionner cette disposition de l'article 3, qui n'a cependant rien à voir avec le le compte-joint, pour montrer combien le législateur est préoccupé de faciliter la tâche du fisc, et combien il est décidé à poursuivre énergiquement toute tentative de fraude. Nous tenions à donner, une fois de plus, une manifestation d'un état d'esprit aussi arrê-

---

propriétaire du compte est un étranger non domicilié en France. Il n'est perçu aucun droit sur les valeurs étrangères faisant partie de son dossier. »

1. L'instruction n° 463 C. émanant de la direction de l'enregistrement de Paris, permet de constater une dérogation curieuse à l'article 3 de la loi du 30 décembre 1903.

Il existe en Russie une réglementation analogue à celle qu'a introduit chez nous l'article 3 de la loi du 30 décembre 1903, mais l'administration impériale a reconnu à nos consuls, en vertu d'une convention diplomatique du 1er avril 1874 approuvée par la loi du 17 juin suivant (*J. Off*, 20 juin, 1874), le droit de retirer des maisons de banque russes les valeurs déposées par des Français décédés, sans être astreints préalablement au paiement des droits de mutation par décès dus au Trésor russe, ni à laisser en dépôt une somme égale au montant de ces droits.

En conséquence, et par voie de réciprocité, le ministre des finances français a décidé le 13 novembre 1905, que les prescriptions de la loi du 30 décembre 1903 ne sont pas applicables aux successions des sujets russes morts en France, dont l'administration et la liquidation appartiennent aux agents consulaires de Russie.

tée, et qui confirme notre solution antérieure : l'impossibilité pratique du compte-joint en France.

Or il est bien évident que les fraudeurs ne se tenaient pas pour découragés et cherchaient toujours.

Le procédé des coffres-forts n'était pas touché par la nouvelle loi, et il est certain aujourd'hui, que l'héritier qui se présente avec la clé du coffre-fort ne peut être entravé dans sa prétention. Cette solution a été maintes fois officiellement confirmée, et M. Caillaux a dû avouer l'impuissance dans laquelle se trouve « pour le moment » le Gouvernement à l'égard des propriétaires de coffres-forts. Est-ce à dire que le coffre-fort constitue un procédé de fraude merveilleux ? Il ne faut pas oublier que les fraudeurs poursuivent un double but. Certes ils désirent éviter à leurs héritiers le paiement des droits de succession, mais par un procédé qui leur permette leur vie durant de tirer le meilleur parti de leur fortune. Or le procédé du coffre-fort ne répond pas à cette seconde condition puisque les fonds qu'on y laisse ne rapportent aucun intérêt, et qu'on est obligé d'encaisser soi-même ses coupons. Ces deux obligations : ne pas faire fructifier ses capitaux, et veiller soi-même à l'encaissement des coupons, montrent l'infériorité du procédé. Nous ne l'étudierons donc pas davantage ; s'il peut servir à la fraude, c'est en facilitant chez de petits capitalistes la transmission d'un portefeuille, relativement peu considérable, et chez les gros capitalistes, la transmission de bijoux ou objets précieux‘ qui échappent ainsi aux droits de succession. Mais les objets précieux et bijoux sortent du cadre de cette étude, bornée à la fraude sur la transmission de titres et capitaux.

Le compte-joint étant impossible en France, il fallut recourir à l'aide de l'étranger pour frauder le fisc français ; l'exode des capitaux commença et s'accentua de plus en plus.

CHAPITRE VI

L'exode des capitaux français.

La France est, par excellence, le banquier de l'univers; l'esprit d'épargne se manifeste chez le Français de toutes classes à un degré bien supérieur à celui qu'on rencontre chez les autres nations, et c'est à lui qu'on doit attribuer la richesse de notre pays. Aussi est-ce toujours vers les capitalistes français que s'adressent les demandes des emprunteurs étrangers. États, villes, ou entreprises particulières.

« C'est le capitaliste français seul qui a percé ou cherché à percer des isthmes, Suez, Corinthe, Panama; il a fait les chemins de fer de presque tout le Midi de l'Europe, et, au début, ceux de l'Autriche-Hongrie et de la Russie; à l'heure actuelle ceux de l'Amérique du Sud et aussi ceux de la Chine; il prend de grands intérêts dans les chemins de fer américains; il a possédé un bon tiers des mines d'or du Transvaal; il détient en Espagne, au Mexique, au Chili, dans le nord de l'Afrique les principales mines de métaux

communs (fer, zinc, plomb, cuivre) qui ne sont pas
aux mains d'Américains ; il a presque tous les charbonnages de Pologne et une bonne partie de ceux
du Sud de la Russie; les deux tiers de la production
du phosphate du globe lui sont dus (1). »

Les titres d'États étrangers exercent sur le public
des capitalistes français une influence bien com-
préhensible. Même à infériorité de revenu, un titre
d'État étranger offre plus de sécurité qu'un titre
français d'une société quelconque. L'État de premier
ordre ne fait jamais faillite ; quant à l'État de second
ordre, il affecte à ses emprunts, à titre de garantie,
les revenus de tel ou tel impôt, ce qui donne au capitaliste français une grande sécurité. Or les émissions
de fonds d'État sont bien plus fréquentes à l'étranger qu'en France, et servent aux prêteurs des intérêts
plus élevés que chez nous. Les sollicitations ne manquent pas, et Testis dit avec raison que « la France
ressemble à une jeune fille parée de toutes les grâces
de la personne et de l'intelligence, avec laquelle on
flirte d'autant plus aisément qu'on la sait richement
dotée ».

Un fait a d'ailleurs beaucoup contribué à répandre
sur notre marché les fonds d'États étrangers. Lorsqu'il s'agit de liquider l'indemnité de guerre, Bismarck
déclara accepter, outre l'or, les fonds d'États étran-

---

1. *Économiste français*, 22 sept. 1906.

gers. M. Thiers fit alors tout son possible pour attirer ces derniers en France ; la faveur dont ils jouis-
saient à cette époque leur a été continuée depuis, et
actuellement ils n'acquittent pas d'autres droits que
celui de timbre qui est de 2 %.

Ajoutons à cela l'alliance russe et les nombreuses
ententes internationales qui l'ont suivie, et ont faci-
ité la diffusion parmi les capitalistes français d'une
quantité considérable de titres étrangers.

La facilité avec laquelle nos nationaux prennent
en portefeuille les fonds d'États et les valeurs étrangères donnant de gros revenus donna vite aux banques étrangères l'idée d'offrir leurs services aux
Français. « Pourquoi, leur répétaient-elles, ne pas
acheter par notre intermédiaire et sur notre marché
des titres de notre pays que vous vous procurez d'une
façon onéreuse à Paris ? Nous vous les aurons à meilleur compte sur notre marché, nous vous paierons
le coupon moins diminué de retenues que chez
vous, où les impôts sur les valeurs mobilières sont
plus élevés que partout ailleurs. De plus nous sommes mieux à même que les banquiers français de
vous donner de bons conseils en ce qui concerne
nos valeurs nationales. » Et les banques étrangères
de faire valoir les taux élevés dont elles font bénéficier leurs déposants ! La *Disconto Gesellschaft*, à
Francfort, par exemple, ne bonifie-t-elle pas aux
dépôts à vue un intérêt de 2 1/2 %, alors qu'en

pareil cas le Crédit lyonnais n'alloue que 1/2 %?
Aussi engageaient-elles les Français, non seulement
à recourir à leur intermédiaire pour acheter des
titres de leur pays, mais encore à se faire ouvrir des
comptes chez elles pour conserver ces mêmes titres
achetés par leurs soins, ainsi que des comptes d'espèces. Elles faisaient valoir qu'elles étaient à l'abri
de toute inquisition fiscale, de la part de leur Gouvernement aussi bien que de la part du Gouvernement français, prétention que ne pouvaient avoir
les succursales d'établissements français situées à
l'étranger.

Il faut reconnaître que la propagande des Sociétés
de crédit étrangères était suivie d'autant plus d'effet
que depuis 1901 un vif mécontentement se manifes-
tait chez les capitalistes français, inquiets de constater l'augmentation des droits de succession et les
menaces d'aggravation de charges dont nos législateurs ne faisaient pas mystère quand il était question
de la fortune mobilière. Ajoutons en outre que la Loi
de Séparation créa parmi les capitalistes une quantité nullement négligeable de mécontents tout disposés à songer à l'exode de leurs capitaux.

N'oublions pas non plus l'engouement de plus en
plus accentué pour l'étude des langues étrangères et
les lointains voyages à l'étranger. Il est certain que
le touriste riche qui visite la Suisse rapporte de son
voyage, à côté de maintes impressions purement pit-

toresques, le souvenir des puissantes filatures qu'il aura aperçues et quelquefois visitées. Celui qui parcourt la Norvège ne reste pas longtemps en présence de ces chutes d'eau, dont la visite fait partie de toutes les excursions organisées par les agences, sans penser au parti que pourrait en tirer l'industrie, si les capitaux étrangers s'intéressaient à la Norvège qui n'est pas assez riche par elle-même pour mettre en valeur ses richesses naturelles.

La similitude de langue (c'est le cas de la Suisse et de la Belgique si fréquemment visitées de nos compatriotes), la connaissance de la langue étrangère permettent au voyageur de recueillir sur place des renseignements sur l'industrie locale, et quand ce dernier apprendra que telle banque d'Angleterre ou de Suisse — avec laquelle il est déjà entré en rapports pour les lettres de crédit dont il était porteur au cours de ses voyages — participe à l'augmentation de capital d'une société industrielle dont il a entendu parler déjà à l'étranger, il souscrira pour un certain nombre d'actions que la banque étrangère conservera sous un dossier qu'elle lui ouvrira. Il vendra ces actions plus tard, mais la Banque lui conseillera des remplois avantageux, et il suivra ses conseils. Voilà donc des capitaux qui de longtemps ne regagneront la France.

Avant d'examiner les pays auxquels va la préférence des capitalistes français, voyons si, pour remplir le but que se proposent les fraudeurs, l'ouverture d'un compte ordinaire suffit à l'étranger, ou s'il est plus sûr d'avoir recours au compte-joint.

Il s'agit tout d'abord de choisir parmi les pays étrangers, pour s'y faire ouvrir un compte ordinaire, ceux dans lesquels les dépôts possédés par des étrangers ne sont pas soumis aux droits de succession locaux. Il faut donc éliminer l'Angleterre, certains cantons suisses, etc. Supposons donc qu'un capitaliste français se fasse ouvrir un compte ordinaire dans un pays qui lui donne toute tranquillité à cet égard. Les banques étrangères se trouvent dans la situation où étaient avant la loi de 1901 les banques françaises : elles n'ont aucune déclaration d'ouverture de succession à faire au fisc français, lorsque les ayants droit se présentent aux guichets pour toucher le dépôt en excipant de leur qualité d'héritiers. Les banques étrangères, pour se dessaisir valablement en pareil cas, demandent la production d'un acte de notoriété analogue à celui que nous avons examiné précédemment. Mais, pour mettre complètement à couvert la responsabilité des banques au cas d'un procès ultérieur, et pour éviter qu'on fasse à ces dernières le reproche de faute lourde, l'acte de notoriété doit satisfaire à des formalités particulières : la signature du notaire français doit être légalisée par le ministre de la Justice français, la signature de ce dernier par le ministre des Affaires étrangères, dont la signa-

ture est enfin légalisée par le représentant diplomatique à Paris de la puissance dont dépend la banque
étrangère.

Il est bien certain que le fait d'une demande de
légalisation au ministre de la Justice est de nature à
éveiller les soupçons du fisc français, qui aura connaissance de cette démarche. Or le fisc, une fois que
ses soupçons sont éveillés, est bien près d'atteindre
le résultat qu'il désire...

Là n'est pas le seul inconvénient du compte ordinaire. Toutes ces nombreuses formalités nécessaires
pour l'établissement de l'acte de notoriété, la compli-
cation inévitable de la liquidation d'un compte à
l'étranger peuvent inspirer des craintes à un capitaliste, quand il songe que c'est sa femme, inexpérimen-
tée, qui aura à régler des affaires aussi lointaines.

Toutes ces difficultés sont évitées par le compte-
joint : plus de risques d'éveiller les soupçons du fisc
français, plus d'acte de notoriété à établir, plus de
transmission compliquée. Le capitaliste français, co-
propriétaire d'un compte-joint, préparera de son
vivant, à la machine à écrire, la lettre relative au
retrait des fonds ou à leur transfert au compte spécial de sa femme; cette lettre sera conservée en lieu
sûr, et le jour de la mort de ce capitaliste, sa veuve
n'aura qu'à dater et signer la lettre, pour se faire
envoyer ou transférer à son compte particulier les
fonds et titres qui composent le compte-joint.

Le compte-joint offre donc sur le compte ordinaire des **avantages** tels que les fraudeurs ne pouvaient hésiter ; c'était en 1903, le compte-joint avait d'ailleurs fait ses preuves en France ; de nombreux Français se firent, à partir de cette époque, ouvrir des comptes-joints à l'étranger ; le mouvement depuis n'a fait que s'accentuer.

Le choix du pays dépend de bien des considérations : les pays de mêmes langues et de mêmes monnaies que les nôtres sont ceux qu'envisagent tout d'abord les Français, désireux de frauder le fisc. Mais d'une manière générale un pays étranger, pour se prêter à l'ouverture d'un compte-joint, doit être proche de la France, posséder des banques puissantes et un marché actif, et présenter un régime juridique assurant à la combinaison la plus indiscutable validité.

Les monographies que nous allons consacrer aux pays propres aux comptes-joints laisseront donc de côté :

1° Les États-Unis, la Russie, et le Japon à cause de leur éloignement, malgré les avantages nombreux qu'ils offrent aux capitalistes désireux de faire fructifier leurs fonds à des taux élevés.

2° L'Espagne, le Portugal, l'Italie dont le marché économique est loin d'offrir la même activité que celui des pays que nous allons étudier en détail.

Ce sont l'Angleterre, la Belgique, les Pays-Bas, les Pays Scandinaves, l'Allemagne, l'Autriche et la Suisse.

CHAPITRE VI

Le compte-joint en Angleterre

L'Angleterre, « terre classique des libertés », devait inévitablement attirer l'attention des capitalistes
français, soucieux de trouver pour leurs capitaux un
pays riche et libéral.

Au surplus est-il besoin d'insister sur la prospérité
économique de ce pays, devancier de tous les autres
en matière industrielle. La Banque d'Angleterre, les
banques de ce pays sont des établissements de premier ordre. C'est en Angleterre que se sont fondées
les premières banques, banques de dépôts et de
comptes courants. La concentration des fortunes
mobilières a d'ailleurs beaucoup contribué à généraliser la pratique du dépôt en banque. « L'Angleterre,
en ce qui concerne la fortune mobilière, tient le
premier rang des pays d'Europe. La fortune mobilière est évaluée dans cet État à plus de 120 milliards,

tandis qu'elle n'atteint en France que 100 mil-liards (1). »

Mais en Angleterre, on ne peut constater dans sa répartition de la fortune un morcellement analogue à celui qui existe chez nous. « C'est ainsi que les consolidés seraient possédés par environ 200.000 contribuables anglais, tandis que nos rentes sont disséminées entre plus de 2 millions de porteurs. Il en est de même des autres valeurs mobilières. Les 5 millions de contribuables français qui possèdent des valeurs mobilières se réduisent, en Angleterre, à 1 million environ (2). »

On comprend la facilité avec laquelle une mino-rité instruite de gros porteurs adopta le compte en banque ; aussi les banques de dépôts eurent-elles un développement rapide et atteinrent-elles bientôt une puissance incontestée.

La Bourse de Londres (Stock Exchange) est l'une des plus importantes du monde. Les transactions portent surtout sur les consolidés et autres fonds publics qui s'y rattachent ainsi que sur la nombreuse série des fonds coloniaux. Ajoutons à cela le groupe extrêmement important des valeurs de chemins de fer des États-Unis, des mines d'or et des fonds d'États étrangers.

1. Guilmard. *L'évasion fiscale*, p. 145.
2. Guilmard. *L'évasion fiscale*, p. 146.

Income-Tax

Passons à l'étude des deux cédules C et D de l'impôt sur le revenu (income-tax) perçu au moment même de la mise en distribution des dividendes.

La cédule C comprend les fonds d'États nationaux, coloniaux ou étrangers.

La cédule D comprend tous les profits industriels et commerciaux ainsi que tous dividendes, coupons, intérêts, rentes et revenus divers non spécifiés dans les autres cédules.

Le taux de perception de l'impôt sur le revenu est variable et est réglé, chaque année, par la loi de finances. Il est actuellement de 14 pence par livre sterling.

Mais l'income-tax est un impôt dégressif; le tarif précité ne reçoit sa pleine application qu'en ce qui concerne les revenus supérieurs à liv. st. 700.

Quant aux revenus inférieurs à liv. st. 160, ils échappent complètement à l'income-tax; sur les revenus compris entre liv. st. 160 et liv. st. 700 il est déduit une quote-part qui n'est pas soumise à l'impôt.

Pour les revenus n'excédant pas :

liv. st. 400 il est déduit.	liv. st. 160
de liv. st. 400 à liv. st. 500 il est déduit	liv. st. 150
de liv. st. 500 à liv. st. 600.	liv. st. 120
de liv. st. 600 à liv. st. 700.	liv. st. 70

Ce qui précède est le droit commun ; mais en ce qui concerne la cédule C, les étrangers domiciliés en dehors de la Grande-Bretagne peuvent obtenir l'exonération absolue de l'income-tax, au moyen d'une simple formalité. Il leur suffit de faire une déclaration (affidavit) établissant que les coupons présentés proviennent de titres qui sont leur propriété, et qu'aucun sujet anglais, ni personne étrangère ayant sa résidence dans le Royaume-Uni, ne possède un droit quelconque sur ces valeurs ou les revenus produits.

Si les titres sont déposés dans le Royaume-Uni, la déclaration est souscrite par le dépositaire lui-même, qui prend envers le Trésor anglais l'obligation de rembourser le montant des exemptions en cas de fraude reconnue. La déclaration contient au verso un bordereau détaillé des titres, avec l'indication des époques d'échéance des coupons, les noms et adresses des propriétaires et dépositaires.

Cette faveur accordée aux étrangers est d'ailleurs strictement limitée aux valeurs de la cédule C ; il n'existe pour la cédule D aucun affidavit permettant d'obtenir l'exonération ; les étrangers restent soumis au droit commun déjà exposé.

En résumé la situation des Français au point de vue de l'income-tax est la suivante :

1º Cédule C, pas d'income-tax à payer.

2º Cédule D :

a) Jusqu'à liv. st. 160 de revenu, rien à payer.

b) De liv. st. 160 à liv. st. 700, tarif réduit.

c) Au-dessus de liv. st. 700, tarif plein.

Législation civile applicable aux comptes-joints

L'expression de compte-joint assez peu française
en somme n'est que la traduction littérale de l'anglais « joint account ». Le joint account a une accep-
tion bien plus large que le compte-joint chez nous, à
qui nos lois modernes ont donné un sens très spécial. Le joint account d'une manière générale répond
à nos comptes à demi (ou à tiers, etc., selon le cas)
que deux ou plusieurs capitalistes se font ouvrir pour
la commodité de leurs opérations sans pour cela avoir
des intentions frauduleuses à l'égard du fisc. Toutes
les banques anglaises ouvrent depuis longtemps des
joint accounts. La Banque d'Angleterre, elle aussi.
Dans une lettre que son honorable caissier principal,
Mr. Nairne, nous a fait l'honneur de nous adresser,
le distingué fonctionnaire nous dit :

« La Banque d'Angleterre ouvre des joint accounts
à deux ou plusieurs dépositaires, mais il n'y a pas
de règles fixes en cette matière qui n'est gouvernée
que par des accords particuliers, destinés à donner
satisfaction aux désirs forcément variés des dépositaires divers. » Les comptes-joints ne sont cependant
soumis à aucune déclaration comparable à celle que

prescrit la loi française de 1903, et sont absolument assimilés aux comptes ordinaires.

Sur le régime juridique proprement dit applicable au mandat et à l'obligation solidaire nous insisterons peu. Il n'y a pas de lois, surtout de lois modernes (*acts of parliament*) gouvernant la matière, et elles relèvent uniquement du droit coutumier, lequel laisse aux juges un grand pouvoir d'appréciation. On devine la conséquence de ce pouvoir dans un cas où il s'agit de fraude au fisc.

L'obligation solidaire active existe en droit anglais à peu près dans les mêmes conditions qu'en droit français ; la mort d'un des co-déposants n'entraîne pas la fin du compte.

Quant au mandat, la mort y met fin, comme en droit français.

Il convient cependant de signaler que le droit anglais ne reconnaît pas le droit de réserve (1). Ce

1. Au moyen âge il y avait une réserve au profit de la veuve et des enfants ; cette disposition fut confirmée par la Grande Charte ; il en était encore ainsi sous le règne de Charles 1er, d'après sir Henry Finch (Law 75).

Mais peu à peu il se produisit un revirement. Ce qui avait été la règle générale ne fut plus regardé que comme une exception applicable à certaines parties du pays telles que York, Galles et Londres. Dans le reste du royaume on admit que la liberté du testateur est illimitée et l'on en vint même, il y a deux siècles, en vue de rendre la législation uniforme, à supprimer par statut les entraves que la coutume mettait encore à cette liberté dans les localités précitées. Aujourd'hui les testateurs peuvent disposer comme ils l'entendent de leur

point aura son importance, quand nous l'examinerons à propos d'un conflit survenant devant les tribunaux anglais à l'occasion de la liquidation d'un
compte-joint.

DROITS DE SUCCESSION

Ils sont doubles :

1° L'*estate duty*, progressif, se calcule suivant l'importance totale de la succession, et non comme chez
nous suivant l'importance de la part héréditaire.

L'échelle est la suivante :

De	100 liv. st. à	500 liv. st.	1 %
De	500 liv. st. à	1.000 liv. st.	2 %
De	1.000 liv. st. à	10.000 liv. st.	3 %
De	10.000 liv. st. à	25.000 liv. st.	4 %
De	25.000 liv. st. à	50.000 liv. st.	4 1/2 %
De	50.000 liv. st. à	75.000 liv. st.	5 %
De	75.000 liv. st. à	100.000 liv. st.	5 1/2 %
De	100.000 liv. st. à	150.000 liv. st.	6 %
De	150.000 liv. st. à	250.000 liv. st.	7 %
De	250.000 liv. st. à	500.000 liv. st.	8 %
De	500.000 liv. st. à	750.000 liv. st.	9 %
De	750.000 liv. st. à	1.000.000 liv. st.	10 %

fortune mobilière ou immobilière : les parents même les plus proches
n'ont aucune réserve (Lehr. *Éléments de droit civil anglais*, t. II,
n° 918).

Au·dessus de 1.000.000 de liv. st., le premier million continue d'être taxé à 10 %, mais *le surplus* est taxé, savoir :

Si la succession atteint 1.500.000 liv. st., 11 % sur l'excédent de 1 million ;

Si elle atteint 2 millions de liv. st., 12 % sur le second million ;

Si elle atteint 2.500.000 liv. st., 13 % sur 1.500.000 liv. st. ;

Si elle atteint 3 millions de liv. st., 14 % sur les deux derniers millions ;

Si elle dépasse 3 millions de liv. st., 15 % sur l'excédent de 1 million.

L. Lloyd George propose de modifier la tarif, de la manière suivante, pour le budget de l'exercice 1910 :

De	100 liv. st. à	500 liv. st.	1 %
De	500 liv. st. à	1.000 liv. st.	2 %
De	1.000 liv. st. à	5.000 liv. st.	3 %
De	5.000 liv. st. à	10.000 liv. st.	4 %
De	10.000 liv. st. à	20.000 liv. st.	5 %
De	20.000 liv. st. à	40.000 liv. st.	6 %
De	40.000 liv. st. à	70.000 liv. st.	7 %
De	70.000 liv. st. à	100.000 liv. st.	8 %
De	100.000 liv. st. à	150.000 liv. st.	9 %
De	150.000 liv. st. à	200.000 liv. st.	10 %
De	200.000 liv. st. à	400.000 liv. st.	11 %
De	400.000 liv. st. à	600.000 liv. st.	12 %

De 600.000 liv. st. à   800.000 liv. st. 13 °/.

De 800.000 liv. st. à 1.000.000 liv. st. 14 °/.

Au-dessus de 1 million, 15 °/. sur le tout.

2° Le *legacy duty* est gradué d'après la relation de parenté ou non–parenté de l'héritier avec le défunt. Cet impôt n'atteint ni les ascendants ni les descendants. Il est de 3 °/. lorsque les héritiers sont les frères, sœurs du défunt, 5 °/. s'il s'agit d'oncles ou tantes, 6 °/. s'il s'agit de grands-oncles ou grand'-tantes, et de 10 °/. s'il s'agit de non-parents.

Or en Angleterre, la saisine n'existe pas; les testaments doivent être transmis, pour homologation, à la High Court of Justice, dont une des divisions, Probate division, est spécialement chargée de cette formalité. D'ailleurs s'il n'existe pas de testament, il est procédé de même à la requête de toute personne intéressée. Ajoutons que cette formalité d'homologation (1) donne lieu à la perception d'un droit de greffe de liv. st. 1.13 si l'actif est inférieur à liv. st. 1.000, allant jusqu'à liv. st. 43.8.9 si l'actif est de liv. st. 250.000 à liv. st. 500.000; d'ailleurs au-dessus de liv. st. 500.000, le droit est de liv. st. 3.2.6, par tranche de liv. st. 100.000 supplémentaire.

---

1. On donne le nom d'affidavit à la pièce que doivent présenter les intéressés à l'effet d'obtenir l'envoi en possession. Le mot affidavit a donc un double sens, selon qu'il s'agit d'income-tax ou de successions.

Ces déclarations d'homologation de testaments ou d'envoi en possession sont soigneusement répertoriées au greffe de la Court of Probate. Communication est donnée de ce registre au public moyennant un droit de 1 shilling. Le public donc et les administrations fiscales des pays étrangers peuvent obtenir tous les renseignements qui les intéressent.

D'ailleurs les successions anglaises ont toujours été entourées d'une grande publicité.

« Il y a des années que les journaux anglais publient ces renseignements, à la mort des personnages connus. Ils nous ont appris par exemple que le président Grévy avait déposé à la Banque d'Angleterre liv. st. 172.106; que la fortune du maréchal de Mac-Mahon en Angleterre était de liv. st. 70 ; que l'impératrice Élisabeth d'Autriche avait dans le même établissement 10 millions de francs ; l'empereur Alexandre III de Russie, 15 millions. On nous a fait connaître également les dispositions testamentaires qu'on jugeait intéressantes ; nous savons comment le maréchal Canrobert a réparti les 230.705 francs qu'il laissait en Angleterre ; nous savons à qui ont été légués par le glorieux vaincu de Frœschwiller les souvenirs de sa carrière militaire, le képi troué d'une balle, le drapeau de Malakoff, l'épée d'honneur offerte par les Irlandais après la guerre d'Italie. On a même l'indiscrétion de nous apprendre, du vivant même des intéressés, que la Banque d'Angleterre compte

parmi ses clients le roi des Belges, la reine-mère
d'Espagne, la reine-mère d'Italie (*Le Temps* du 16 janvier 1889) » (1).

Voyons maintenant comment la législation anglaise
organise le régime des successions d'étrangers domiciliés en dehors du Royaume-Uni.

La situation est simple. Les étrangers sont soumis
pour les titres mobiliers déposés en Angleterre aux
mêmes droits de succession que les nationaux. Assimilés, disons-nous, ce terme est d'ailleurs inexact :
car s'il s'agit de nationaux ou d'étrangers domiciliés
en Angleterre, le fisc anglais désireux de leur éviter
une double perception de droits, admet la déduction du montant des droits perçus à l'étranger sur les
bien situés à l'étranger et revenant à des Anglais ou
étrangers domiciliés en Angleterre. — Mais s'il s'agit
d'étrangers non domiciliés dans le Royaume-Uni, le
fisc n'admet aucune déduction pour doubles taxes.
Naturellement le fisc anglais ne prélèverait aucun
droit de succession sur les valeurs de loterie dont la
loi anglaise refuse d'admettre l'existence, et inter-
dit le placement. Encore faut-il que le caractère de
valeurs à lots soit prédominant ; ainsi, on ne pourrait classer parmi ces valeurs les obligations à lots
de la Compagnie de Suez ou de la ville de Paris qui,
elles, sont bel et bien soumises aux droits de succession.

---

1. Lescœur, p. 126. *Pourquoi et comment on fraude le fisc.*

Donc les successions françaises qui nous occupent sont soumises aux droits de succession et risquent ainsi de les payer dans les deux pays à la fois, et l'opération des comptes-joints en Angleterre présente une double difficulté, puisqu'il s'agit de frauder non pas une mais deux administrations fiscales, animées d'un égal désir de répression.

C'est d'ailleurs cette communauté d'intérêts qui a amené les deux gouvernements à signer la convention du 15 novembre 1907.

Le fisc français, nous l'avons vu, a intérêt à être renseigné sur les dépôts effectués à l'étranger par des Français. Or le fisc anglais a le même intérêt en ce qui concerne les dépôts effectués à l'étranger par ses nationaux. En effet, au cas où il s'agit de la succession d'Anglais comprenant des valeurs mobilières déposées à l'étranger, le fisc anglais émet la prétention de percevoir les taxes anglaises, déduction faite de celles payées à l'étranger.

Il était naturel que deux gouvernements ayant les mêmes intérêts fiscaux, et disposant de moyens d'information étendus, cherchassent à se porter aide mutuelle : l'entente cordiale créait à ce moment un vif mouvement de sympathies réciproques ; des deux côtés on était désireux de s'obliger. On trouva que le plus simple pour réprimer les fraudes serait d'organiser l'échange des renseignements possédés par les deux gouvernements. Voici le texte de l'accord de 1907 :

Le gouvernement de la République française et le gouvernement de Sa Majesté britannique, étant désireux d'empêcher autant que possible la fraude dans les cas de succession, ont autorisé les soussignés à conclure l'arrangement qui suit :

Article premier. — Le gouvernement britannique s'engage à fournir, pour toutes personnes décédées dont le domicile est en France, un extrait de l'affidavit (1) concernant les nom, prénoms, domicile, date et lieu de décès du *de cujus*, les renseignements touchant ses successeurs, et la consistance de l'hérédité en valeurs mobilières. Toutefois l'extrait ne sera fourni que dans le cas où le total de ces valeurs mobilières atteindra au minimum liv. st. 100.

Art. 2. — Le gouvernement français s'engage à fournir, pour toutes personnes décédées dont le domicile est dans le Royaume-Uni de Grande-Bretagne et d'Irlande, un extrait de la déclaration de mutation par décès contenant les indications énumérées à l'article 1er. Toutefois, l'extrait ne sera fourni que dans le cas où le total des valeurs mobilières déclarées atteindra au minimum 2.500 francs.

1. Pris ici au sens de déclaration d'ouverture de succession, qui est l'une des deux acceptions du mot affidavit, ainsi que nous l'avons vu précédemment.

Art. 3. — Les extraits des affidavits et des déclarations de mutation seront certifiés par les préposés
chargés de recevoir ou d'enregistrer ces affidavits ou
déclarations. Toutefois, lorsque l'un des deux gouvernements le jugera nécessaire, ces extraits seront
revêtus, sur sa demande et sans frais, des certifica-
tions et légalisations de signatures exigées par la procédure en usage dans son pays.

Art. 4. — Les extraits des affidavits et des déclarations reçus ou enregistrés pendant chaque trimestre seront, dans les six semaines suivant l'expiration
de ce trimestre, adressés directement par le Board
of Inland Revenue à la direction générale de l'enregistrement et réciproquement.

La correspondance relative aux dits extraits sera
aussi échangée directement entre ces deux administrations centrales.

Art. 5. — Le présent arrangement sera ratifié et
les ratifications en seront échangées à Londres dans
le plus bref délai possible.

Art. 6. — Le premier envoi effectué concernera
le trimestre du 1er janvier au 31 mars 1908.

Fait à Londres, en double exemplaire, le 15 novembre 1908.

Signé : PAUL CAMBON.
E. GREY.

Quelle est la véritable portée de cette convention,

et quels sont exactement les documents dont l'échange est prescrit ?

Il s'agit uniquement du côté anglais de communiquer les actes où il est question de mutation : par exemple la demande d'envoi en possession. Avant la convention, le fisc français pouvait parfaitement obtenir communication de ce genre de documents, — mais en les demandant : or, il fallait qu'il lui vînt des soupçons au bon moment, sinon il était trop tard ; désormais automatiquement il reçoit communication de ces documents au fur et à mesure de leur enregistrement à la Chancellerie de la Probate division, c'est-à-dire assez à temps pour agir. Mais le compte-joint ne donne lieu à aucune demande d'envoi en possession puisqu'il supprime la nécessité d'aviser la Banque du décès du déposant qui meurt le premier.

D'autre part, aucune loi analogue à la loi française de 1903 n'impose aux banques anglaises l'obligation de déclarer au fisc anglais l'ouverture des comptes-joints que leurs clients se font ouvrir chez elles.

Le fisc français ne peut donc par le moyen de cette convention être avisé ni de l'ouverture du compte-joint, ni de la mort de l'un des co-déposants. Ne peut-il pas cependant être avisé de leur existence dans l'intervalle de ces deux événements? On sait que les porteurs étrangers de valeurs anglaises peuvent grâce à la rédaction d'un affidavit adressé au fisc anglais s'exonérer de l'income-tax afférent à leurs valeurs de la cédule C.; et que, en ce qui concerne les valeurs de la cédule D, pour échapper à l'income-tax ou se faire octroyer des réductions ils n'ont qu'à prouver, selon le cas, que leur revenu ne dépasse pas liv. st. 60 ou est compris entre ce montant et liv. st. 700. Le fisc anglais communiquera-t-il au fisc français ces affidavits et demandes en détaxe ou en réduction ? On voit tout de suite l'importance de la question. Les pièces seraient rédigées au nom des co-propriétaires du compte-joint. Ainsi le fisc français, si communication lui est faite de ces documents, aura immédiatement connaissance de l'existence du compte-joint, et au verso du document, il trouvera la garantie de l'établissement dépositaire exigée par le fisc anglais, et apprendra ainsi dans quelle banque le dépôt a été fait. Mais encore une fois pareille communication rentre-t-elle dans le cadre de la convention ? Les documents qui nous occupent ont trait à des opérations effectuées du vivant même des capitalistes. Or à relire l'article 1er il semble que le fisc anglais ne puisse communiquer de renseignements que sur la fortune de personnes décédées.

Mais il nous paraît intéressant d'attirer l'attention principalement sur les premiers mots de la déclaration qui précède l'article 1er. Il y est dit que les deux gouvernements sont désireux d'empêcher autant que possible la fraude dans les cas de succession.

Nous n'hésitons pas à traduire « autant que possible » par l'expression « par tous les moyens possibles. »

Nous sommes donc convaincu que grâce à l'élasticité de cette formule, et étant donné que les deux administrations ont le même intérêt à recevoir le plus de renseignements possible, le fisc français pourra valablement se faire communiquer par le fisc anglais les affidavits, demandes en détaxe ou en réduction, signées de capitalistes français ; et qu'ainsi, la convention produira dans la plupart des cas, ses effets.

De plus nous adoptons à l'égard de la convention anglaise les conclusions que nous formulerons dans le chapitre suivant, à l'égard de l'efficacité de la convention franco-belge. Il existera toujours entre les deux administrations un échange d'indiscrétions, contre lesquelles nul capitaliste, si avisé soit-il, ne peut prétendre se prémunir à coup sûr.

Ajoutons que la banque anglaise, si elle est avisée par des héritiers lésés de la mort de l'un des déposants ne passera pas outre à leur opposition. Elle fera même d'office la déclaration à la Court of Probates, certaine qu'elle est, au cas où, ayant agi autrement, elle serait l'objet de poursuites de la part des héritiers lésés, de se voir donner tort par le tribunal anglais, dont le pouvoir discrétionnaire est supérieur aux dispositions si élastiques de la coutume en matière de joint liability. Or le tribunal ne verrait dans l'affaire que la complicité consciente et préméditée de la banque, aux fins d'aider des étrangers à porter préjudice aux droits du fisc anglais. Et la condamnation de la banque serait certaine.

Les banques anglaises le savent bien, et dès lors, elles se garderaient de se dessaisir, au cas où par un moyen quelconque elles viendraient à apprendre la mort de l'un des co-déposants.

On voit tous les dangers d'une combinaison qui consiste à frauder non pas une mais deux administrations fiscales et à choisir, pour cela, un pays où l'income-tax est lourd, où une convention internationale permet presque à coup sûr au fisc français de connaître l'existence des comptes-joints, et où les banques refuseraient de se dessaisir si elles venaient à apprendre le décès de l'un des co-déposants, tellement elles sont sûres d'être condamnées, au cas où l'affaire serait plaidée devant la justice de leur propre pays.

Or l'avidité du fisc anglais ne fait que s'accentuer ; les discussions à propos du budget de 1910 (1) montrent, ainsi que nous l'avons vu à propos des tarifs de l'estate-duty, un parti pris de demander de plus en plus à la fortune mobilière et aux droits de succes-

1. Voir le remarquable article de M. Christian Patrimonio, paru dans *le Mois Colonial* du 15 décembre 1909.

sion, et par suite une disposition à faciliter par tous les moyens la répression de la fraude ; et c'est dans ce pays que les Français iraient chercher asile !

Le compte-joint en Angleterre était plein de risques dès avant l'accord de 1907 ; celui-ci l'a rendu extrèmement dangereux, et par conséquent impossible.

APPENDICE

Le résultat d'un procès intenté en Angleterre par les héritiers lésés contre une banque qui s'est dessaisie malgré leur opposition ne fait aucun doute en ce qui concerne la sauvegarde des intérèts du fisc. La banque sera condamnée à une amende pour complicité de fraude ; et le co-titulaire survivant devra acquitter les droits de succession augmentés d'une forte amende. Mais la décision du tribunal anglais est infiniment moins facile à prévoir en ce qui concerne le résultat de la demande en restitution formulée par les héritiers lésés.

Le droit international anglais procède de la territorialité la plus rigoureuse (1) ; il faut ajouter cependant que — comme en toute cause plaidée devant des tribunaux anglais — le juge jouit d'un pouvoir d'appréciation assez large pour lui permettre, s'il le juge bon, d'écarter l'application de ce principe et de

---

1. Weiss, *Manuel*, p. 400.

statuer d'après le statut personnel des requérants.

Or, selon que le juge appliquera ou écartera le statut personnel, la demande en restitution des héritiers français sera examinée d'après le droit français ou d'après le droit anglais.

Si le juge choisit le droit français, nulle difficulté : l'infraction aux règles de la quotité disponible est criante, et il sera procédé à un nouveau partage équitable selon les règles du Code civil.

Mais, si le juge se décide à appliquer le droit anglais, nous avons vu que d'après ce dernier la liberté de tester est absolue. La disposition par laquelle le défunt a tenu, en se faisant ouvrir un compte-joint avec le défendeur, à léguer à ce dernier tout ce qu'il possédait dans la banque anglaise sera donc reconnue valable, et les héritiers lésés se verront débouter de leur demande.

Le procès qu'ils ont intenté ne profiterait en ce cas qu'au fisc anglais, qui, sans leur intervention, y aurait perdu le montant de ses droits.

Gardons-nous bien d'ailleurs de croire que les héritiers en seraient pour leur peine : de ce procès résulte pour eux la connaissance exacte du montant touché par le co-titulaire survivant.

Or jamais ils n'auraient pu atteindre pareil résultat en actionnant devant les tribunaux français la banque anglaise ; celle-ci aurait fait défaut, ou se serait refusée à donner le renseignement demandé, et l'on

sait que l'Angleterre refuse l'exequatur à tout jugement d'un tribunal étranger portant condamnation
contre un de ses sujets.

En portant leur action devant un tribunal anglais
les héritiers lésés y gagnent donc, à défaut d'un
redressement du partage de la succession, la connaissance de renseignements précieux qui leur permet-
tront de faire triompher ultérieurement leur prétention devant le tribunal français.

CHAPITRE VII

Le compte-joint en Belgique.

La proximité de la Belgique devait forcément attirer les vues des capitalistes français, lorsque se produisit au lendemain des lois de 1901 et 1903 le grand
exode de capitaux. Chassés de France par la crainte
du péril socialiste et l'animosité contre un Gouvernement qui venait de faire la loi de Séparation, les
capitaux français devaient tout naturellement se porter avec confiance vers un pays étranger gouverné
depuis 1884 par des cabinets conservateurs, et dans
lequel, grâce au système de vote en vigueur, l'élément socialiste, c'est-à-dire l'élément qui poursuit
l'accroissement incessant des charges qui grèvent la
fortune mobilière, n'a que peu d'influence.

L'accueil fut d'ailleurs engageant, du côté de la
Belgique. Et puis, ce pays offrait aux Français un
attrait tout particulier. N'oublions pas que nos compatriotes voyagent — ou voyageaient — peu en dehors de nos frontières ; mais nombreux sont les
Français, qui, une fois dans leur vie au moins, ont

visité Bruxelles ou les Flandres. L'amabilité des gens, le charme du voyage, laissent un bon souvenir, et quand il s'agit de choisir un pays étranger, dans un cas analogue à celui qui nous occupe, la pensée se porte naturellement vers cette Belgique qui est pour nombre de nos compatriotes jointe étroitement à leurs uniques souvenirs de voyages à l'étranger, et en tout cas, à de bons souvenirs. La défiance qu'excite toujours l'étranger chez les capitalistes qui ont peu voyagé existe donc peu ou point à l'égard de la Belgique, qui, en somme, est très connue des Français, et offre l'avantage de la communauté de langue et de monnaies.

Tout concourait à favoriser l'exode des capitaux français vers la Belgique, qui réalise à merveille l'union de ces conditions économiques et juridiques, que nous avons qualifiée d'indispensable pour la mise en valeur de tout compte. Il ne suffit pas, rappelons-nous le, qu'un régime juridique approprié rende l'existence du compte-joint possible, il faut de plus que l'activité du marché et la solidité des banques permettent d'obtenir un intérêt rémunérateur.

Or, sur ces trois points : activité du marché, solidité des banques, et régime juridique, les capitalistes français peuvent être rassurés :

A. — *Activité du marché.*

M. Charles Dumont (1) donne une heureuse définition de la situation financière de la Belgique : « Au
point de vue fiscal, on peut diviser les grands États
en trois groupes naturels : les États qui prêtent, les
États qui empruntent, et les États qui peuvent servir
de banquiers ou d'intermédiaires. Or la Belgique est
à la fois un État intermédiaire et prêteur. Elle est
assez riche pour prêter à autrui ; et, aux bénéfices
que les capitalistes belges tirent de leurs prêts à
l'étranger, les banquiers belges ajoutent les bénéfices
des courtages recueillis comme dépositaires et gérants des fortunes mobilières françaises, anglaises,
allemandes. »

La prospérité de l'industrie favorisée par la présence de riches gisements houillers, et l'activité que
le commerce d'exportation doit au puissant port d'An-
vers, contribuent à donner aux transactions de la
Bourse de Bruxelles une importance qui, certes, ne
peut se comparer à celle du marché de Paris, mais
est cependant très réelle. A côté des fonds d'États y
figurent des groupes très sérieux de valeurs minières
et congolaises, et des valeurs industrielles de premier
ordre.

1. *Off.*, séance 12 juillet 1906. *Débats parl.*, p. 2296.

Quant aux impôts sur les opérations de Bourse, il n'en existe pas ; la Belgique est de tous les pays du monde celui où la fortune mobilière supporte le moins de charges ; elle ne connaît ni l'impôt sur le revenu, ni l'impôt spécial sur les transactions. Le coupon est donc touché net et franc de tous impôts, exempt de toute retenue.

Les seules perceptions sur la fortune mobilière auxquelles ait droit le fisc sont supportées directement par les Sociétés sous forme d'un impôt de patente institué par la loi du 22 janvier 1849, modifiée par celle du 5 juillet 1871. Cet impôt est de 2 °/₀ des bénéfices bruts des sociétés, et est d'ailleurs augmenté de centimes additionnels au profit de l'État, ainsi que d'une taxe provinciale et d'une taxe communale qui portent le montant de cet impôt des patentes à 4 °/₀ du bénéfice net de l'exercice. Mais encore une fois cet impôt est payé par la Société et non par l'actionnaire ; et le coupon est payé intégralement, franc de tout impôt.

B. — *Les banques belges.*

Il nous semble superflu de faire l'éloge des banques belges, privées ou en sociétés par actions ; chacun sait que certaines se classent parmi les premières de l'Europe, par leur ancienneté, leur crédit et l'étendue de leurs opérations.

C. — *Régime juridique.*

La Belgique est régie par le Code Napoléon qui, au point de vue des titres qui nous intéressent (mandat, dépôt, solidarité) n'a été modifié par aucune loi subséquente. D'autre part, il n'existe en Belgique aucune loi analogue aux lois françaises de 1901 et 1903.

Les développements que nous avons consacrés précédemment en droit français à la validité juridique des deux procédés de comptes-joints trouvent donc leur application, en ce qui concerne la Belgique.

Seul le compte-joint solidaire repose sur des bases juridiques indiscutables.

Quant au compte-joint mandat, il ne pourra réussir qu'autant que la banque belge, en se dessaisissant envers le mandataire, sera réellement dans l'ignorance du décès du mandant. Et, comme en Belgique, il n'existe aucune loi analogue aux nôtres de 1901 et 1903, la bonne foi de l'établissement belge sera plus facile à prouver qu'en France, où le fisc, à raison de la publicité qui a été faite officiellement autour des risques de fraudes que peuvent abriter les comptes de dépôts, serait fondé à reprocher à l'établissement français une grave négligence, si la visite d'un mandataire qu'il voit pour la première fois et qui vient réclamer la totalité du dépôt, n'éveillait pas dans son

esprit des soupçons de nature à provoquer des recherches au sujet de la validité du mandat.

Or ce n'est pas le fisc belge qui s'avisera jamais de
faire pareil reproche à un établissement belge, car,
à la différence du fisc français, il se désintéresse complètement des dépôts faisant partie de successions
ouvertes à l'étranger, sur lesquelles il n'a aucun droit
à percevoir. Les droits de succession (droit de mutation créé par la loi du 17 décembre 1851 et droit spécial de mutation par décès créé par la loi de 1817) ne
frappent que les successions régies par la loi belge.
Mais aucun des droits précités n'atteint les valeurs
mobilières dépendant de la succession de personnes
non domiciliées dans le royaume et revenant à des
ayants droit se trouvant dans les mêmes conditions que
leur auteur. La rente belge elle-même n'échappe pas
à cette règle. En cas de compte-joint, par conséquent,
les capitalistes français ne commettent aucun préjudice à l'égard du fisc belge, et celui-ci cherche à créer
officiellement d'autant moins de difficultés aux capitaux étrangers, que la Belgique a tout intérêt à attirer à elle le plus possible de ces derniers.

Le fisc belge ne possède à l'égard des banques
aucun pouvoir d'investigation, bien que la fraude aux
droits de successions soit pratiquée par les Belges —
et même très pratiquée — sur les valeurs mobilières.
Pour montrer combien chez nos voisins l'opinion publique est opposée à toute inquisition fiscale, il nous

p araît intéressant de signaler la tentative faite par M. Denis, membre de la chambre des Représentants, pour conférer au fisc, à l'égard des banques, un pouvoir d'inquisition analogue à celui dont la même administration jouit chez nous. M. Denis rédigea la note que nous reproduisons ci-après, au nom de la minorité de la section chargée de l'examen du budget des voies et moyens pour l'exercice 1901.

Pour remédier à l'accroissement des fraudes,M. Denis proposait l'amendement suivant :

« L'article 22 de la loi du 17 décembre 1851 sur les successions est modifié comme suit :

Les sociétés anonymes ou en commandite, belges ou étrangères, ou leurs succursales, et toutes personnes civiles ou physiques, dépositaires de fonds, titres, actions, obligations, espèces et valeurs, appartenant à une personne décédée, ne pourront s'en dessaisir entre les mains des héritiers ou légataires, qu'à l'intervention et avec le concours du receveur des droits de succession compétent, et, après que, contradictoirement avec celui-ci, inventaire en aura été dressé sur papier libre, et qu'en suite de cet inventaire les droits auront été payés, ou qu'il aura été donné des garanties suffisantes, sauf recours des intéressés au ministre des Finances et des travaux publics ; le tout à peine, par les dépositaires, d'être tenus solidairement au paiement des droits et amendes, et à peine, en tout cas, d'une amende de 1.000 à

10.000 francs contre l'auteur ou les auteurs de la contravention

Hâtons-nous d'ajouter que cet amendement fut rejeté par 76 voix contre 49 et 4 abstentions (séance du 15 décembre 1900). Les banques belges évitèrent ainsi d'être transformées en agents du fisc, et d'être placées vis-à-vis de tous leurs clients sans distinction de nationalité dans cette situation d'exception que la loi française de 1903 (art. 3) impose aux banques de notre pays, au cas où il s'agit de l'héritage d'un déposant étranger à recueillir par des ayants droit non domiciliés en France.

Le projet d'ailleurs réservait d'autres surprises: Une modification à l'article 8 stipulait l'apposition des scellés au cas de décès d'un déposant ne laissant comme héritiers que des collatéraux ou des non parents. Voici d'ailleurs l'article 8, tel qu'il serait résulté de cette modification :

L'article 8 de la loi du 17 décembre 1851 sur les successions est complété par les dispositions suivantes :

« Lorsqu'une personne sera décédée et qu'elle ne laissera d'autres héritiers que des héritiers collatéraux ou des non parents, les scellés seront apposés d'office en sa maison mortuaire, comme aussi dans les résidences qu'elle avait de son vivant.

« L'apposition des scellés sera faite par le juge de paix ou son suppléant, ou, à leur défaut, par le receveur des droits de succession du lieu du décès ou de la résidence.

« Un arrêté royal déterminera la rémunération due de ce chef aux personnes ci-dessus et réglera l'exécution de la présente disposition.

« Néanmoins les papiers et documents propres à établir l'avoir du défunt seront seuls placés sous scellés. En cas de contestation ces papiers seront placés sous enveloppe cachetée et adressés au Président du Tribunal, qui statuera en dernier ressort, aux jour et heure à fixer par lui, après avoir entendu l'administration des finances et les intéressés, qu'il invitera à comparaître par lettre recommandée. »

Une addition à l'article 17 introduisait la notion de serment dérisoire, qui, nous le verrons ultérieurement, fera en France, l'objet d'une proposition de loi signée de M. Charles Dumont.

« L'article 17 de la même loi est complété comme il suit, en introduisant après le paragraphe 1 la disposition ci-après:

« Dans le courant des quinze jours, les héritiers en ligne collatérale ou les non parents, parties déclarantes à la succession d'un habitant du royaume, se présenteront en personne devant le juge de paix du ressort de leur demeure ou de l'ouverture de la succession et affirmeront solennellement qu'ils croient, en sincérité de conscience, que tous les biens de la succession autres que les immeubles et ceux mentionnés de l'article 18 ont été compris dans la déclaration. Cette affirmation sera décisoire. »

Bref, cet amendement fut rejeté, et il faudrait, un revirement radical de l'opinion publique, et une modification totale du système électoral, pour qu'il ait des chances d'être repris et adopté.

Il semblerait donc que les intentions nettement conservatrices de la Chambre des Représentants fussent de nature à rassurer complètement les capitalistes français, et que ceux-ci pussent désormais se faire tranquillement ouvrir des comptes-joints en Belgique.

Or, en 1907, M. Jules Roche vint troubler la quiétude de nos compatriotes, en exhumant une convention franco-belge de 1843, capable de donner en certains cas au fisc français les moyens de découvrir les fraudes.

L'acte en question porte le titre de « convention conclue à Lille le 12 août 1843 pour régler les relations des administrations de l'enregistrement de France et de Belgique ».

L'article 1ᵉʳ établit d'une manière générale entre les administrations de l'enregistrement des deux pays l'échange de documents pouvant aider à la perception des droits établis par les lois fiscales qui régissent les deux pays :

« Il y aura entre les receveurs de l'enregistrement
« et des domaines, échange de tous les documents et

« renseignements pouvant aider à la perception ré-
« gulière des droits établis par les lois qui régissent
« les deux pays, ou se rattachent à des intérêts
« domaniaux, leur afférant réciproquement. »

Certes, l'article 1ᵉʳ était de nature à attirer l'attention des propriétaires de comptes-joints, puisque, en
pareille matière, le fisc français est toujours avide de
renseignements.

L'article 2 énumère les documents qui serviront
de base à la plupart des échanges réguliers. Ses qua-
tre premiers paragraphes ont trait aux copies d'enre-
gistrements d'actes de ventes et autres contrats relatifs aux immeubles, aux copies d'actes de mariage,
lorsque les biens qui y figurent sont sis dans le
royaume qui n'est pas celui où le contrat a été enregistré. Tout ceci ne nous intéresse pas. Mais il en
est autrement des paragraphes 5 et 6, qui prescrivent
de communiquer :

5° Les *extraits de notice de décès* ou d'autres actes
et déclarations indicatifs du même événement, lorsque le défunt est mort dans un royaume, ou que son
décès y aura été constaté, bien que survenu aux colo-
nies ou à l'étranger, et qu'il avait son domicile dans
l'autre, ou que, bien que domicilié dans le pays où il
est décédé, il sera reconnu ou réputé avoir possédé à
l'époque de son décès des propriétés mobilières ou
immobilières dans l'étendue de l'autre pays ; *les pro-
curations* à l'effet de recueillir des successions ouver-

tes dans le pays différent de celui où les actes ont
été enregistrés.

6° Les *extraits des inventaires* faits après décès
dans un royaume lorsque les actes indiqueront ou
analyseront des titres de propriété mobilière possédés par le défunt de l'étendue de l'autre royaume.

Or, à lire attentivement cette liste de documents
à échanger on ne peut vraiment découvrir un moyen
pour le fisc français de découvrir les comptes-joints
ouverts en Belgique à ses ressortissants.

Le compte-joint solidaire ne donne lieu à aucune
notice de décès, à aucun autre acte ou déclaration
indicatif du même événement, à aucune procuration
à l'effet de recueillir une succession, pas plus qu'à
un extrait d'acte d'inventaire ; et au cas de compte-
joint mandat, la banque belge ne communiquera pas
la procuration au fisc de son pays.

Nous ne voyons donc pas quel secours cette convention peut — officiellement du moins — fournir
au fisc français.

Elle ne pourrait présenter d'utilité que le jour où
une loi analogue à celle de 1903 en France prescri-
rait en Belgique, aux banques, l'obligation de déclarer au fisc les comptes-joints qu'elles ouvrent à leurs
clients, et la situation du compte au jour du dessaisissement. Alors l'échange de documents serait d'une
grande utilité pour le fisc français, qui pourrait prendre ses mesures en temps utile.

Mais le vote d'une telle loi chez nos voisins est d'autant plus difficile, que le pouvoir d'inquisition a toujours été énergiquement refusé au fisc belge. M. Liebaert ministre des Finances a d'ailleurs pris soin de faire des déclarations officielles sur l'inefficacité de cette convention relativement aux comptes de dépôts. Voici les propres paroles qu'il prononça au cours des séances des 25, 26 juillet 1907 :

« En Belgique, les banquiers, agents de change ou autres particuliers et les établissements financiers qui reçoivent en dépôt ou en compte courant des sommes d'argent, titres ou valeurs de portefeuille ne sont pas tenus d'en faire la déclaration à l'administration des finances en cas de décès du titulaire dépôt ou du compte-courant, et l'administration ne possède pas le droit d'investigation dans leurs livres aux fins de recouvrement de l'impôt de succession. La caisse d'Épargne et de retraite elle-même, quoique placée sous la garantie de l'État, est, à ce point de vue, dans la même situation que les autres établissements financiers.

Il en est naturellement de même quand il s'agit d'un étranger et de l'impôt dû dans un autre pays.

Le gouvernement belge ne saurait donc être engagé ni s'engager par une convention avec un autre gouvernement à procurer à celui-ci des renseignements ou des éléments de preuve qu'il n'est pas en situation de se procurer pour lui-même. »

Voici les déclarations du lendemain 26 juillet 1907 :

« Quant aux dépôts de fonds, les banquiers et agents de change ne doivent pas faire connaître l'importance ou la provenance des dépôts faits par les Belges ; par voie de conséquence et en vertu de l'article 128 de la Constitution, il doit en être de même pour les étrangers aussi bien pour les dépôts que pour l'impôt sur le revenu qui serait établi dans un pays dont ils sont originaires. »

Reste le cas d'une ouverture de succession. Si les héritiers sont d'accord entre eux, et qu'il n'y ait ni liquidation authentique ni procès, l'administration belge n'en aura pas connaissance, non plus que la française ». Il n'y a d'aléa contraire que si l'on doit recourir aux tribunaux ou faire une liquidation authentique devant officier ministériel.

La convention de 1843 ne peut donc être d'aucun secours au Gouvernement français pour l'application des lois de 1901 et 1903. Voici d'ailleurs à ce sujet un passage de la très intéressante lettre reproduite par l'*Économiste français* du 17 août 1907, dans laquelle « un employé supérieur de l'enregistrement qui depuis trente ans adresse en Belgique et reçoit de ce pays les renseignements visés par la convention de 1843 » évalue à « presque rien » les informations que, dans la pratique, le fisc français reçoit de l'administration belge :

« Les renseignements que nous adressons en Belgique sont donc très étendus puisqu'ils comprennent toutes les valeurs françaises et étrangères, titres, sommes, assurances sur la vie, comptes courants dépendant de la succession d'une Belge et dont l'existence est révélée à l'administration par la déclaration de succession, un transfert, ou une conversion, l'exercice du droit de communication, ou les obligations diverses que notre législation, impose aux sociétés et aux agents de change.

En résumé, la Belgique qui assujettit à l'impôt de mutation par décès tous les biens, même étrangers, dépendant de la succession de ses ressortissants reçoit de nous des renseignements précieux, *mais elle ne nous envoie presque rien.*

En effet :

1° Elle ne soumet pas avec juste raison à la taxe des successions, les valeurs mobilières belges appartenant à des étrangères.

2° Estimant qu'il ne doit exister aucune différence au point de vue fiscal entre une industrie qui n'est pas montée par actions et une montée par actions, elle réclame aux uns comme aux autres l'impôt des patentes ; mais elle pense, d'accord avec le bon sens, qu'il n'y a pas lieu d'imposer aux deuxièmes, sous prétexte qu'elles revêtent la forme par actions, un prélèvement de 11 à 12 °/. auquel les premières ne sont pas assujetties.

3° *Elle ignore l'exercice du droit de communication.*

4° *Elle n'impose pas aux sociétés* ou aux particuliers l'obligation de dénoncer les faits et gestes de leurs clients.

La différence est donc énorme ; elle explique pourquoi les *capitalistes français en Belgique n'ont rien à craindre des administrations belge et française* au point de vue de droits de succession tant qu'un acte passé entre les héritiers n'a pas été soumis à la formalité de l'enregistrement en France ou en Belgique. »

Terminons enfin par l'aveu de M. Merle, qui, à la Chambre des députés s'est toujours signalé parmi ceux qui ont mis le plus de zèle à poursuivre la fraude aux droits de succession :

« On a beaucoup discuté sur cet accord franco-belge, qui avait été contracté dans le but d'assurer le paiement des impôts belges de succession qui frappent tous les immeubles situés en France et appartenant à des Belges.

Nous ne croyons pas que cet accord franco-belge puisse nous rendre de très grands services, parce que les fonctionnaires de l'enregistrement belge n'ont pas tous les droits d'investigation et de contrôle dont disposent les fonctionnaires de l'enregistrement français (1). »

Nous nous garderons cependant de conclure d'une

1. *Ch. dép.*, Séance 21 janvier 1909. *Off.; Débats parl.*, p. 86.

manière absolue à la sécurité absolue des comptes-
joints en Belgique. Certes, au point de vue strict et
officiel, l'échange de documents ne peut, en raison des
lois belges actuelles, amener le fisc français à aucune
découverte intéressante, mais, cette certitude reste
théorique. Que dire en effet de l'échange d'indiscrétions
entre les deux administrations, c'est-à-dire de la communication mutuelle des données qui peuvent parvenir à leur connaissance par hasard ou par des moyens
qui ne rentrent pas dans l'exercice habituel de leurs
fonctions ? Qu'on se rappelle les nombreuses plaintes
sur le peu de secret qui, en bien des cas, est gardé de
la correspondance des particuliers ? Nous ne saurions
trop insister sur ce point : le zèle de l'administration
fiscale est stimulé par un très réel point d'honneur
professionnel, et nous ne pouvons nullement affirmer
qu'à aucun moment l'administration belge n'enverra
à l'administration française relativement aux comptes-
joints des données, qui certes lui parviendront non pas
en vertu d'un pouvoir d'investigation qu'elle ne possède pas, mais par des moyens que nous ne pouvons pas soupçonner.

Or cet échange d'indiscrétions est facilité, et même
légitimé, par l'article 1er de la Convention, dont l'interprétation est très élastique. Et il ne sert de rien
de discuter sur la validité constitutionnelle de la convention franco-belge, sous prétexte qu'elle n'a pas
reçu l'approbation officielle des deux gouverne-

ments (1). Elle est appliquée, et cette indication suffit simplement.

Un autre danger est également à craindre, au cas où il existe des héritiers lésés.

Une convention franco-belge du 8 juillet 1899 (art. 11) décide que « les conventions des cours et tribunaux, rendues en matière civile ou en matière commerciale, dans l'un des deux États, ont, dans l'autre, l'autorité de la chose jugée sous certaines conditions. »

Supposons donc que, dès avant la mort de leur auteur les héritiers lésés aient eu connaissance de l'existence du compte-joint. Ils ont pris leurs dispositions, et le jour du décès, ils font faire par huissier saisie-arrêt sur le montant du compte dans la banque belge, en signifiant à cette dernière, que par suite de la mort de leur auteur, elle se trouve désormais dans l'obligation d'observer l'article 1939 du Code civil. Ils assignent en même temps le copropriétaire survivant en France, et il est bien certain

---

1. M. Jules Roche fait remarquer très justement que ce traité n'a pas eu de ratification formelle. Il est signé de deux fonctionnaires. Or, il devrait l'être par les deux souverains... De plus, d'après la Constitution belge du 7 février 1831, les traités conclus par le roi devaient être ratifiés par les Chambres. Celui-ci ne l'a pas été. En droit la question ne soulève aucun doute. la convention n'est pas applicable, mais en fait paraît-il, elle est appliquée (*Économ. français*, 27 juillet 1907).

que le tribunal français déclarera celui-ci inhabile à
recueillir les fonds et titres du compte-joint, lesquels
ne devront être versés qu'à la masse. Le dépôt ne
pourra donc être prélevé que par l'ensemble des héritiers, ou par leur fondé de pouvoirs, mais non plus
par le cotitulaire survivant.

Or le jugement intervenu en France a en Belgique l'autorité de la chose jugée et obligera par conséquent la banque belge. Nous ne voyons pas en effet
quel usage pourrait en pareille matière faire le gouvernement belge de la faculté qui lui est accordée par
la convention de 1899, de refuser l'exequatur à un
jugement français qui contiendrait des dispositions
jugées d'après le droit belge comme contraires à
l'ordre public.

Dans le cas qui nous occupe, non seulement le
jugement ne porte pas atteinte à l'ordre public, mais
encore son exécution n'entraîne pour la banque
aucun préjudice direct; il doit lui être tout à fait
indifférent de se libérer envers une autre personne
que celle désignée par le contrat de compte-joint,
puisque, dans les deux cas, la somme qu'elle aura à
verser sera la même.

Nous considérons donc la pratique des comptes-
joints en Belgique, non pas comme radicalement
impossible, mais comme dangereuse et pouvant donner lieu à de nombreux mécomptes. Écartons même
le risque spécial que peut faire courir l'intervention

d'héritiers lésés, puisque dans la presque totalité des cas il n'y en aura pas : le danger que peut résulter pour les titulaires de comptes-joints de l'échange d'indiscrétions entre administrations fiscales n'en subsiste pas moins. Nous concluons donc que la sécurité qu'offre aux comptes-joints la Belgique n'est pas absolue, et que les capitalistes français désireux de frauder feront erreur de s'adresser à d'autres pays.

CHAPITRE VIII

Le compte-joint en Suisse

La Suisse offre aux capitalistes français les mêmes avantages que la Belgique : similitude de langue et de monnaie, proximité. Les Français voyagent d'ailleurs aussi fréquemment dans l'un et l'autre de ces pays, et les séjours au Léman ou au Lac des Quatre-Cantons sont entrés dans nos habitudes au même titre que la visite de Bruxelles ou des Flandres.

Nous ne saurions trop insister sur l'élément psychologique, qui, lors du choix d'un pays étranger pour l'ouverture d'un compte-joint, fait pencher le capitaliste en faveur du pays qui lui rappelle de bons souvenirs, d'affaires certes, mais aussi de séjour. Un passé séculaire de bonnes relations entre les deux pays explique d'ailleurs que l'attention des capitalistes français se soit porté sur la Suisse.

Genève possède une Bourse assez active, où se négocient, non seulement des fonds d'État et des valeurs de chemins de fer, mais encore les actions et obligations de nombre d'entreprises industrielles de premier ordre, parmi lesquelles des sociétés d'électricité et des entreprises d'hôtels.

Au lendemain de la loi de 1903, les banques suisses se livrèrent à une active propagande, en vue d'attirer à elles les capitaux français. M. Kergall reproduit (1) les formules qu'adressaient à nos nationaux la banque commerciale de Bâle et la société de crédit suisse, assurant que le compte-joint était en Suisse d'une pratique absolument sans dangers pour les Français.

Nous allons examiner la valeur de ces assertions. Mais n'oublions pas que, pour les vérifier, il faut se placer à plusieurs points de vue, et envisager :

1° Le régime juridique.

2° Les droits divers grevant la fortune mobilière.

3° Le régime successoral applicable aux étrangers.

4° Les moyens dont peut disposer le fisc français pour connaître l'existence du compte-joint ou le dessaisissement de la banque.

DROIT CIVIL APPLICABLE AUX COMPTES-JOINTS

Actuellement le seul Code obligatoire dans l'ensemble des cantons est le Code fédéral des obligations du 14 juin 1881. Par conséquent, les règles que nous allons étudier en matière de mandat, d'o-

(1) *Revue économique et financière* des 12 janvier et 9 février 1907.

bligation solidaire active et de dépôt, sont les mêmes dans quelque canton que soit ouvert le compte.

Voici les dispositions du Code fédéral relatives à la solidarité active :

Art. 169. — Il y a solidarité entre plusieurs créanciers, lorsque le débiteur déclare vouloir donner à chacun d'eux le droit de demander le paiement du total de la créance ; à défaut d'une semblable déclaration, la solidarité n'existe que dans les cas déterminés par la loi.

Art. 170. — Le paiement fait à l'un des créanciers solidaires libère le débiteur envers tous. Il est au choix du débiteur de payer à l'un où à l'autre des dits créanciers, tant qu'il n'a pas été prévenu par les poursuites de l'un d'eux.

Ces dispositions sont, on le voit, sensiblement les mêmes que celles du droit français. Aussi les développements que nous avons consacré en droit français à la solidarité active s'appliquent-ils ici. Nous maintenons donc que la mort de l'un des co-déposants ne met pas fin à l'obligation solidaire, et, que, par convention spéciale, le débiteur peut renoncer à la disposition du Code qui lui accorde l'initiative de payer à l'un ou à l'autre des créanciers, selon son choix.

Passons au mandat :

Les dispositions diverses concernant l'étendue du mandat, les pouvoirs de révocation, la responsabilité des deux parties (art. 392 à 404) sont à peu près les mêmes qu'en droit français; elles ne nous intéressent d'ailleurs pas spécialement au cas de comptes-joints.

La grosse question qui nous intéresse est de connaître les prescriptions relatives à la manière dont finit le mandat. Voici l'article 403 :

« Le mandat *finit par la mort*, l'incapacité ou la faillite soit du mandant, soit du mandataire *à moins que le contraire* n'ait été convenu ou ne résulte de la nature même de l'affaire. »

Or, il est bien évident « que le contraire aura été convenu » au cas de compte-joint, pour reprendre les expressions du Code.

En droit français, bien que notre article 2003 ne le stipule pas expressément, il est possible de déroger à la clause qui fait dépendre la fin du mandat de la mort du mandant, sauf cependant au cas de dépôt, à cause des prescriptions impérieuses de l'article 1939, qui fait au dépositaire un devoir, à la mort du déposant, de ne se libérer qu'envers les héritiers de ce dernier.

Or, le Code suisse ne contient aucune disposition analogue à celle de notre article 1939 ; si donc il a été stipulé que le mandant doit continuer après la mort du mandant, la banque ne peut concevoir aucun scrupule à se dessaisir envers le mandataire, même si elle a connaissance du décès du mandant, puisqu'elle est

couverte par l'application de l'article 392, que n'atté-
nue aucune disposition analogue à celle de notre article 1939.

Le mandat *post mortem mandantis* est donc parfaitement valable en Suisse. Cela ne veut pas dire
d'ailleurs que les héritiers lésés, s'ils ont connaissance
de l'existence du compte-joint, soient dénués de tout
moyen de recours. L'article 482 peut être invoqué
utilement par eux :

« Si un tiers se prétend propriétaire de la chose
déposée, le dépositaire n'en est pas moins tenu de la
restituer au déposant, tant qu'elle n'a pas été judiciairement saisie, ou que le tiers n'a pas introduit
contre lui sa demande en revendication. En cas de
saisie ou de revendication, il doit immédiatement en
avertir le déposant. »

Il est évident qu'au cas d'opposition de tiers, la
banque ne pourra plus se dessaisir, malgré la validité du mandat *post mortem* ; mais le droit suisse a
sur le droit français, au point de vue des fraudeurs,
la supériorité suivante : Chez nous, la banque ne peut
plus se dessaisir, dès qu'elle a connaissance du décès du déposant ; tandis que chez nos voisins, bien
qu'elle ait connaissance de ce décès elle peut se dessaisir valablement, tant qu'il n'a pas été fait opposition sur les fonds et titres constituant le compte-joint,
par des tiers intéressés. Or, l'hypothèse d'héritiers
lésés est improbable ou bien rare ; on peut donc con-

clure qu'en Suisse l'obligation solidaire active et le mandat *post mortem mandantis* offrent les mêmes avantages.

LÉGISLATION FISCALE (1).

Chaque canton est maître d'organiser, comme il lui plaît sa législation fiscale ; il y aura lieu, au point de vue des comptes-joints, de rechercher quels sont les cantons :

1° Où les capitaux étrangers sont soumis à des taxes sur la fortune mobilière, du vivant de leurs propriétaires ;

2° Où les fonds et valeurs dépendant de la succession d'étrangers décédés en dehors de la Suisse sont soumis aux droits de mutation.

A). — *Droits sur la fortune mobilière.*

1° *Canton de Fribourg*. — L'impôt sur le revenu, qui est de 2,50 % sur les capitaux mobiliers, est dû par les banques dépositaires pour les comptes courants créanciers.

1. Nous nous empressons de rendre hommage au remarquable ouvrage édité par les soins du ministère des Finances : *Régime fiscal des valeurs mobilières en Europe*, (Paris, Imprimerie nationale ; 1902) qui nous a été d'un grand secours pour l'étude de la législation fiscale de la Suisse,

Pour éviter les fraudes, l'administration cantonale oblige les banques à délivrer aux déposants des certificats timbrés portant des estampilles à empreinte bleue, vendues par les receveurs.

Ce timbre doit être oblitéré par l'apposition du sceau de l'établissement dépositaire, et doit porter indication de la date du dépôt avec un numéro spécial. Ce numéro permet de retrouver facilement trace du dépôt sur un registre spécial dont la tenue est imposée aux banques de l'administration cantonale. Les dépôts y sont inscrits jour par jour, sans blanc ni interligne, avec indication des nom, prénoms et domicile des créanciers, et de la somme placée.

C'est ce registre que le fisc cantonal se fera présenter, au cas où il soupçonnerait une fraude.

2° *Canton de Neuchâtel.* — Il existe dans ce canton un impôt progressif sur les fortunes supérieures à 1.500 francs, dont le taux, variable, est fixé chaque année par le grand Conseil. Il était ces dernières années de 1.80 °/₀₀. Cet impôt frappe même les personnes domiciliées hors du canton et possédant une fortune placée et administrée dans le canton.

3° *Canton du Valais.* — Dans ce canton, la loi du 20 décembre 1886 autorise les communes à percevoir un impôt sur le capital et sur le revenu ; si le taux dépasse 3 °/₀₀, l'homologation de l'autorité cantonale devient nécessaire. Ainsi, les capitaux étrangers sont à la merci d'un simple conseil municipal qui peut

imposer des taxes et, par suite, des procédés d'inquisition.

Le canton du Valais, d'ailleurs, se signale par son
avidité fiscale : Tous les contrats, même s'ils sont
rédigés sous seing privé, doivent être rédigés sur
papier timbré, les lettres de change sont frappées
d'un droit de timbre qui, au-delà de 6.000 francs se
monte à 1 °/₀₀. Les titres (actions et obligations) sont
soumis à un droit de transfert atteignant 2 francs,
quand le montant du titre est de 1.000 francs.

Il convient de dire qu'en dehors de ces trois cantons précités les dépôts ne sont soumis à aucun impôt
sur le revenu.

B). – *Droits de succession.*

Canton de Fribourg. — Les transmissions en ligne
directe ne sont soumises à aucun droit, mais le taux
entre époux atteint 8 °/₀.

Il existe pour les dépositaires une obligation analogue à celle qu'à créée chez nous la loi de 1901. Tout
dépositaire de valeurs ou de numéraire appartenant
à une succession qu'il sait ou suppose ouverte, doit
adresser au juge de paix un état de ces valeurs ou
numéraire dans les trente jours qui suivent l'ouverture
de la succession, sous peine d'une amende de 10 à
50 francs.

Il est à remarquer que dans ce canton le banquier

ne doit pas — à la différence de ce qui se passe en France — attendre une notification officielle des héritiers pour faire sa déclaration au fisc ; il suffit que par n'importe quel moyen il ait eu connaissance du décès du déposant.

Ajoutons enfin que les communes de ce canton sont autorisées à percevoir des taxes successorales sous forme de centimes additionnels à l'impôt précité. C'est ainsi que la commune de Fribourg perçoit huit dixièmes.

De plus l'État perçoit encore un impôt spécial se montant à 25 % du total du produit des tarifs précités. Ces sommes sont affectées à la caisse d'amortissement de la dette.

2° *Canton de Vaud*. — Ce canton fait bénéficier ses ressortissants d'une heureuse disposition : il ne réclame rien aux héritiers d'un citoyen du canton domicilié et décédé en France, alors même que sa succession ressortit juridiquement au canton de Vaud.

Quant aux étrangers, les autorités de ce canton appliquent en général les principes de la convention conclue avec l'Angleterre en 1872, aux termes de laquelle, c'est seulement au cas où un Anglais est décédé dans le canton, que ses héritiers doivent acquitter à l'administration vaudoise les droits de mutation afférents à la fortune mobilière ou immobilière que leur auteur possédait dans le canton.

Donc, dans le cas général où l'étranger n'est pas

domicilié dans le canton, les autorités locales ont la
faculté de ne réclamer aucun droit à sa succession (1).

Canton de Neuchâtel. — Les successions ouvertes
hors du canton et comprenant des biens meubles
déposés dans le canton ne donnent lieu à la perception des droits de mutation que si l'investiture est
postulée dans le canton par les héritiers.

Or il est bien évident que, dans le cas qui nous
occupe, le co-titulaire du compte-joint, n'a aucun
besoin de cette investure, que l'autorité cantonale
ne lui impose nullement d'ailleurs.

Canton de Genève. — Pour les successions ouvertes hors du canton, le droit n'est dû que sur les
immeubles situés dans le canton et le mobilier qui en
dépend. Les titres et espèces en dépôt échappent
donc complètement à la perception des droits de
succession dans le canton de Genève, et de ce côté
les amateurs de comptes-joints peuvent être pleine-
ment rassurés.

Notre conclusion est d'ailleurs que Genève est le
seul canton de la Suisse qui se prête sans aucune
restriction à la pratique du compte-joint. Il suffit en
effet de se reporter aux analyses que nous avons
faites des droits sur les valeurs mobilières et des
droits de succession dans les différents autres cantons, pour constater que seule l'administration du

1. Scherer, *Gazette de Lausanne*, du 6 février 1908.

canton de Genève n'exige aucun de ces répertoires, aucun de ces droits dont la vérification entraîne le droit d'investigation du fisc dans les banques.

Car le fisc peut être exactement renseigné sur l'existence des comptes-joints dans le canton de Fribourg, s'il exige la production du répertoire spécial imposé aux banques pour l'inscription de leurs dépôts. De plus, à raison de certains impôts spéciaux comme celui que perçoit le canton de Neuchâtel sur la fortune, le canton du Valais sur le revenu et à raison de certaines déclarations, comme celle d'ouverture de succession qu'il impose aux banques du canton de Fribourg, à raison aussi du pouvoir d'appréciation qui lui est réservé dans la taxation des successions étrangères, comme dans le canton de Vaud, le fisc peut, à l'occasion de ses soupçons, effectuer des recherches dans les archives des banques, qui l'amèneront à la connaissance des comptes-joints. Rappelons-nous d'ailleurs qu'il suffit d'une décision du conseil cantonal pour modifier tous les tarifs et modes de perception en vigueur, et, à raison du peu de publicité qu'ont ces décisions, simplement inscrites dans un journal local, qu'on ne lit jamais en France, les déposants risquent d'être avertis trop tard de modifications qui intéressent de si près le but qu'ils se proposent. Aussi, pour ces raisons, n'avons-nous pas une confiance illimitée dans l'invulnérabilité d'un compte-joint ouvert même à Genève, quoique actuellement la sécurité y soit absolue.

..

Nous avons vu que le fisc suisse dans certains cantons dispose d'un pouvoir et d'occasions d'investigation, dont les résultats, s'ils étaient communiqués au fisc français, présenteraient pour ce dernier un grand intérêt. Or il n'existe à l'heure actuelle aucun traité comparable à ceux que nous avons avec l'Angleterre et la, Belgique. Mais la conclusion d'un accord est-elle vraisemblable, est-elle facile? La question vaut la peine d'être posée et examinée sérieusement, puisque M. Caillaux a maintes fois avoué son désir de conclure le plus de conventions possible, désir que certes ne doit pas désavouer son successeur. Certains cantons d'ailleurs trouveraient à pareille convention, un grand intérêt, puisqu'ils frappent de droits de succession l'universalité de la succession de leurs ressortissants, même si elle comprend des titres déposés à l'étranger.

D'ailleurs, la Suisse opposerait-elle une certaine résistance, que nos politiciens les plus en vue ne désespèreraient pas d'en triompher, en lui faisant entrevoir qu'une fin de non recevoir de sa part entraînerait pour elle des conséquences désagréables à l'occasion de sa participation à l'Union latine.

La Suisse souffre à l'état permanent d'une pénurie

de monnaies divisionnaires, due en grande partie au « drainage » effectué par les nombreux étrangers qui affluent tous les ans dans ce pays, et tous emportent de sa monnaie. De plus le retrait des pièces division-naires italiennes a privé la Suisse de 26 millions de pièces d'appoint. Proportionnellement à sa popula-tion, c'est le pays qui a rendu le plus fort contingent de petite monnaie blanche à l'Italie. Enfin les ban-ques d'émission sont obligées d'immobiliser beaucoup de numéraire pour gager leur papier-monnaie et assurer le paiement de leurs dettes à l'étranger.

Aussi la Suisse a-t-elle toujours fait ses efforts pour obtenir des co-contractants de l'Union latine des avantages spéciaux en ce qui concerne la frappe des monnaies divisionnaires ; ils lui ont été accordés, et le bon vouloir de la France qui lui a toujours été acquis dans ces circonstances, a pour beaucoup contribué à l'aboutissement de ses prétentions.

En 1885, la Suisse, qui souffrait déjà d'une pénurie de monnaie, fut autorisée à faire frapper un contin-gent supplémentaire de 2 francs par tête soit pour 3 millions d'habitants, 6 millions de francs auxquels vint s'ajouter un million à raison de l'accroissement de population survenu depuis 1878. Le contingent se trouva ainsi porté de 18 (1875) à 25 millions. Vint ensuite l'arrangement de 1897 qui autorisa pour les monnaies divisionnaires la revision des contingents d'après le chiffre de la population (métropole et colo-

nies) aux derniers recensements et leur accroissement
à raison de 1 franc par tête d'habitant.

Sur cette base un contingent supplémentaire de
3 millions fut alloué à la Suisse, formant avec les
25 millions précédemment alloués un total de 28 millions. Notons que sur la fixation du contingent, la
Suisse n'avait pas pu, comme la France, faire entrer
en ligne de compte le contingent colonial.

En 1902, le Gouvernement suisse s'adressa au Gouvernement français, en le priant de bien vouloir
intercéder auprès des autres États parties à l'Union
latine, afin d'obtenir une convention annexe lui permettant d'augmenter le taux de sa frappe par tête
d'habitant.

La Commission du budget de la Chambre des députés fit un rapport favorable, dont il nous paraît intéressant de reproduire un passage, que voici :

« La Commission du budget estime que faisant suite
aux importants avantages déjà accordés, la nouvelle
concession ainsi gracieusement octroyée, sans sérieuse
compensation à une seule des parties contractantes
est peut-être un peu excessive, en ce sens surtout
qu'elle apparaît dans un avenir prochain comme de
nature à porter atteinte à l'équilibre établi par la convention de 1865 (rapport Bouctot).

Quoi qu'il en soit, et sous les réserves ci-dessus,
nous vous proposons, tant en raison de l'importance
plutôt relative des intérêts matériels et immédiats en

jeu que de notre souci de maintenir des relations cordiales avec un peuple qui se rapproche si naturellement de nous par la communauté de race, de langue et d'institutions démocratiques, de ratifier, etc.»

Grâce à l'influence de la France donc, une convention annexe de 1902 autorisa la Suisse à 11 francs le taux de ses frappes annuelles, alors que pour les autres États le taux commun est de 7 francs, ainsi qu'il résulte de la convention de 1897.

Mais ce n'est pas là la seule faveur exceptionnelle qui ait été accordée à la Suisse.

Lors de chaque élévation du taux de frappe par tête d'habitant, les États co-parties à l'Union latine s'engageaient à n'employer pour la fonte des nouvelles pièces divisionnaires que d'anciens écus de 5 francs. Seule, la Suisse obtint l'autorisation de déroger à cette règle et d'employer des lingots au lieu d'écus. Vainement les autres États ont-ils demandé la même faveur; ils n'ont rien obtenu, ou bien cette faveur leur a été accordée en des proportions très restreintes. C'est ainsi que l'Italie, en 1902, a reçu l'autorisation d'employer des lingots dans la proportion d'un tiers, et seulement jusqu'à ce qu'elle ait atteint le contingent de 12 francs par tête d'habitant, ce qui veut dire que pour le porter de 12 francs à 16 francs (taux actuellement consenti à toutes les puissances de l'Union latine par suite de la convention additionnelle du 4 novembre 1908) elle devra recourir uniquement aux anciens écus. La Grèce ne peut employer les lingots que dans la proportion des trois quarts de ses frappes annuelles.

On voit quelle est la situation privilégiée de la Suisse dans l'Union latine, et combien l'appui du gouvernement français lui est nécessaire pour conserver et augmenter les avantages qui lui ont déjà été concédés. Sera-t-elle par suite en mesure de résister aux désirs du Gouvernement français qui lui proposera un échange de renseignements fiscaux, au moment où la pénurie de monnaies divisionnaires se fera le plus vivement sentir chez elle ?

Il existe d'ailleurs pour les comptes-joints en Suisse un autre risque, au cas de procès, provenant de la convention franco-suisse du 15 juin 1869, qui a trait à la compétence des tribunaux des deux nations en cas de contestations entre Suisses et Français.

Si des héritiers lésés veulent intenter une action au co-propriétaire survivant, ainsi qu'à la banque suisse qui, ou bien aura passé outre à leur défense de payer au co-titulaire survivant, ou bien se sera refusée à leur donner un état du compte qui appartenait pour co-propriété à leur auteur, devant quel tribunal devront-ils porter cette action?

La convention de 1869 distingue deux cas :

1° *Il n'a pas été fait élection de domicile par les parties.*

En ce cas l'article 5 stipule que « toute action rela-

tive à la liquidation ou au partage d'une succession...
sera portée devant le tribunal de l'ouverture de la
succession ». Donc ici, pas de doute, les héritiers
lésés actionneront valablement la banque suisse
devant les tribunaux français. Et celle-ci se gardera
de faire défaut, car l'article 11 donne au tribunal le
droit de statuer malgré ce fait, et l'article 15 lui permet de faire exécuter la sentence en territoire suisse.

Or l'autorité suisse saisie de la demande d'exécution n'entrera point dans la discussion du fond de
l'affaire, dit l'article 17. Elle ne pourra refuser l'exécution que dans les cas suivants :

1° Si la décision émane d'une juridiction compétente ;

2° Si elle a été rendue sans que les parties aient été
dûment citées et légalement représentées ou défail-
lantes ;

3° Si les règles du droit public ou les intérêts de
l'ordre public du pays où l'exécution est demandée
supposent à ce que la juridiction étrangère y reçoive
son exécution.

Or, il est bien évident que la juridiction sera compétente, que les demandeurs n'auront pas la mala-
dresse de commettre des fautes grossières de procédure, et que la Suisse, qui reconnaît l'institution d'une
réserve au profit de certains héritiers, ne pourra
interpréter comme contraire à l'ordre public une
décision de jurisprudence, tendant à faire valoir des

droits que la législation suisse reconnaît elle-même comme sacrés.

2° *Il a été fait par les parties élection de domicile.*

Ce cas nous intéresse particulièrement, parce que les banques font toujours stipuler aux co-propriétaires de comptes-joints une élection de domicile près du tribunal de leur siège.

L'article 3 de la convention de 1869 donne alors compétence au tribunal du domicile élu. Et les héritiers lésés sont liés par cette clause de leur auteur dont l'article 3 précité consacre la validité. Ils devront donc porter devant un tribunal suisse leur action contre le co-propriétaire survivant et contre la banque. Il est absolument évident que cette dernière sera mise hors de cause, mais le tribunal suisse, qui reconnaîtra les droits indiscutables des héritiers réservataires dépossédés, ordonnera certainement la production des livres de la banque, aux fins de procéder à un partage équitable. D'ailleurs la crainte de représailles de la part de tribunaux français appelés en vertu de la convention à juger des citoyens suisses empêchera le tribunal suisse d'en décider autrement.

Le fisc français y trouvera donc son compte, puisqu'il rentrera dans le montant de ses droits, à raison de la publicité que ne manquera pas de susciter une pareille affaire.

Mais supposons qu'il n'y ait pas d'héritiers lésés : le fisc français va-t-il pouvoir agir seul utilement

contre la banque suisse ? Le fisc français ne pourra
intenter d'action que contre le co-propriétaire survivant, à raison de la fraude qu'il a commise, et non
contre la banque suisse, qui n'a eu aucun tort direct
ou indirect, puisqu'il n'y a pas eu d'héritiers lésés. Il
est bien évident que le fisc français plaidera en France,
et que le co-propriétaire survivant sera condamné
pour infraction à la loi sur le paiement des droits de
mutation. Mais, le fisc français, pour être fixé sur la
valeur exacte des sommes perçues, aura intérêt à faire
ordonner par le jugement intervenu en France une
enquête auprès de la banque suisse dépositaire. La
Convention de 1869 permet-elle de considérer l'exécution d'une pareille mesure comme possible ? Elle
ne parle que de l'exécution des jugements ; et ici, il
est bien certain qu'il ne s'agit pas d'une sentence
rendue contre la banque ; mais nous sommes tout de
même en présence d'un cas où l'exécution d'un jugement rendu par un tribunal français ne peut avoir
lieu que si l'exequatur est accordée à une simple
mesure qui, d'ailleurs, ne peut porter aucun dommage
aux intérêts de la banque. Il y a donc de fortes pro-
babilités pour que, en pareil cas, le gouvernement
suisse oblige la banque à donner les renseignements.
Et c'est là un danger qui n'est nullement à dédaigner,
puisqu'il enlève aux fraudeurs toute possibilité, une
fois soupçonnés, de laisser le fisc dans l'incertitude.

٠٠

Certains capitalistes français, dans leur précipita-
tion à frauder le fisc de leur pays, ont quelquefois
mal examiné l'honorabilité des établissements auxquels ils s'adressaient, et ont éprouvé des déboires.

« Il nous revient que récemment des familles françaises, qui avaient fait en Suisse des dépôts de valeurs, ont rencontré, sans s'y attendre, de très graves
embarras... Il a fallu plaider... Il n'est pas de pays
avec qui nos rapports juridiques soient plus mauvais
qu'avec la Suisse (1). »

« Nous pourrions citer une grande banque du Nord
de la Suisse qui n'a consenti que moyennant une
commission de 3 °/₀ à restituer aux ayants droit un
dépôt en compte-joint, sans leur demander des jus-
tifications qui les auraient exposés à de fortes amendes envers le fisc (1). »

Nous laissons évidemment la responsabilité de ces
allégations à leurs auteurs, puisqu'elles ne compor-
tent aucun nom de banque ni de déposants, et échappent ainsi à tout contrôle. Ce n'est d'ailleurs pas à
la considération de dangers de cette sorte que nous
nous attarderions ; nous connaissons trop la parfaite
honorabilité des grandes banques suisses. Mais le

1. *Revue économique et financière* du 6 décembre 1903.
2. Lescœur, p- 142. *Pourquoi et comment on fraude le fisc.*

ᶠait nous a paru intéressant à indiquer, pour montrer combien, en pareil cas, il faut faire attention au choix de l'établissement dépositaire.

.·.

Il résulte de cette étude que le canton de Genève est le seul qui, par l'absence d'impôts sur les successions des étrangers et surtout d'inquisition fiscale, se prête à l'ouverture de comptes-joints au moins théoriquement, car la convention de 1869 risque de donner au fisc français le moyen de se procurer tous les renseignements qu'il peut désirer. Le compte-joint est donc impossible dans les autres cantons, et peut devenir dangereux même à Genève ; de plus la Suisse a besoin de la France, nous avons vu au sujet de quels graves intérêts.

Les capitalistes français feront donc bien de se méfier.

CHAPITRE IX

Le compte-joint en Autriche.

La Bourse de Vienne a une vieille réputation d'activité due en grande partie à l'extrême liberté dont y jouissent les transactions ; tandis qu'en Allemagne sévissaient les lois réglementant les opérations de bourse, le stellage et la double prime continuaient à se pratiquer librement à Vienne, qui, pourtant au point de vue politique, comme au point de vue juridique, subissait une forte influence allemande.

Outre une importante série de Fonds d'États, provinciaux et communaux, on trouve sur le marché de Vienne des obligations hypothécaires, et des valeurs de chemins de fer et de banques très sérieuses.

Examinons le régime juridique du mandat et de l'obligation solidaire. Voici les articles du Code civil autrichien qui s'y rapportent :

Art. 1.022. — En général, le mandat est révoqué par la mort du mandant ou du mandataire. Si cependant la gestion de l'affaire qui fait l'objet du mandat ne peut être différée sans dommage pour les héritiers, ou si le mandat prévoit le cas du décès du mandant, le mandataire a le droit et le devoir de continuer à gérer l'affaire.

Le mandat *post mortem* est donc valable, puisque le Code a soin d'indiquer qu'il ne stipule que pour le *quod plerumque fit*, et prévoit lui-même le cas où le mandat couvre le cas de décès du mandant. Néanmoins, un certain pouvoir d'appréciation est réservé aux tribunaux ; aussi, vaut-il mieux avoir recours à l'obligation solidaire active, telle que la définit l'article 892 :

« En cas d'obligation solidaire active, le débiteur doit se libérer envers le premier des co-créanciers qui lui en fait la demande. »

Art. 895. — Le créancier solidaire envers lequel le débiteur s'est ainsi libéré est responsable à l'égard des autres co-créanciers qui ont contre lui un recours.

De la combinaison de ces deux articles résulte pour la banque une impérieuse obligation de se libérer envers le premier des co-créanciers qui se présentera à elle ; qu'aucune opposition par devers elle n'est recevable, les héritiers lésés n'ayant de recours que contre le co-titulaire survivant qui a prélevé les fonds et titres provenant du compte-joint.

Il n'existe d'ailleurs dans le code autrichien aucune disposition analogue à celle de notre article 1939 ; la banque autrichienne n'a donc pas à se préoccuper de savoir si ceux qui se présentent à ses guichets comme mandataires ou co-propriétaires du compte-joint, sont bien les héritiers du propriétaire décédé, au cas où elle a eu connaissance de cet événement.

LÉGISLATION FISCALE

L'impôt sur le revenu frappe les titres déposés en Autriche par des étrangers, puisqu'il est perçu comme en France par déduction sur le montant du coupon.

Ce n'est donc pas par ce moyen que le fisc peut exercer ses investigations. Mais la tenue du répertoire pour les opérations de bourse qui est prescrite à tous les banquiers et courtiers lui offre les moyens d'intervenir dans la comptabilité. Les autorités fiscales ont en effet en tout temps le droit de se faire présenter les répertoires des deux dernières années écoulées, ainsi que ceux de l'année en cours et les premières écritures relatives aux négociations de valeurs mobilières (main courante, brouillard, journal) ; elles peuvent encore imposer, dans un but de contrôle, la production d'extraits certifiés de ces répertoires, sans pouvoir utiliser les indications recueillies en ces matières pour la liquidation d'un autre impôt sur le revenu ou l'industrie (1).

Les biens meubles dépendant de la succession

1. *Régime des valeurs mobilières à l'étranger*, t I, p. 129.

d'un étranger décédé hors de l'Empire sont, d'une manière générale, soumis au droit de mutation par décès, lorsqu'ils se trouvent en Autriche, sauf le cas où les héritiers de cet étranger seraient en mesure d'établir que le pays auquel ils appartiennent ne perçoit pas de droits similaires sur les biens déposés en France et appartenant à une succession ouverte en Autriche.

Or, le Français ne peut donner pareille assurance, puisque en pareil cas les ayants droit autrichiens seraient astreints au paiement des droits de mutation sur les valeurs françaises qui leur reviennent.

L'ouverture d'un compte-joint en Autriche conduit donc les Français à frauder deux administrations fiscales, celles de France et d'Autriche, toutes deux très avides de défendre leur intérêts et toutes deux très bien armées à cet effet.

Une entente internationale serait donc profitable aux deux pays, dont les administrations fiscales possèdent des pouvoirs d'investigation aussi étendus. Cette entente est-elle probable?

Il existe entre la France et l'Autriche deux traités que nous allons étudier.

Le traité de 1866 a trait aux difficultés internationales que peuvent soulever dans les deux pays la liquidation des successions mobilières de leurs nationaux. L'article 1er stipule qu'elles seront jugées par les tribunaux ou autorités compétentes de l'État auquel appartenait le défunt et conformément aux lois de cet État.

Ce qui veut dire que si les héritiers lésés actionnent par devant un tribunal français la banque autrichienne, celle-ci ne pourra faire défaut et se soustraire à la production de livres que ne manquera pas d'exiger le tribunal, mesure qui permettra de se rendre compte du montant exact des sommes perçues par le co-titulaire survivant.

Mais il existe un autre traité plus récent, celui du 29 août 1892 (1), qui prescrit entre les administrations des deux pays un échange de documents relatifs à l'état civil de leurs ressortissants. Voici le texte de ce traité:

Décret portant approbation et publication de la déclaration signée le 29 août 1892 entre la France et l'Autriche-Hongrie en vue d'assurer la communication réciproque des actes intéressant l'état civil de leurs ressortissants.

Déclaration.

Article premier. — Les gouvernements contractants s'engagent à se transmettre réciproquement et sans frais aux époques déterminées des expéditions dûment légalisées des actes de naissance, des actes de mariage et des *actes de décès* dressés sur leur

1. *J. off.*, 16 sept. 1892.

territoire et concernant des ressortissants du territoire de l'autre partie contractante.

Art. 2. — *La transmission des actes de décès* s'éten-
dra en outre aux personnes mortes en France, et
qui étaient nées, ou qui d'après les renseignements
fournis par les autorités locales, avaient leur domicile en Autriche ou en Hongrie.

Il en sera de même pour les actes de décès concernant des personnes mortes en Autriche ou en
Hongrie, et qui étaient nées, ou qui d'après les renseignements fournis aux autorités locales, avaient
leur domicile en France.

Art. 3. — Tous les six mois les expéditions des dits
actes dressés en France pendant le semestre précédent seront remises à l'ambassade d'Autriche-Hongrie à Paris, et réciproquement les expéditions des
actes analogues dressés en Autriche ou en Hongrie
pendant le semestre précédent seront remises à
l'ambassade de la République française à Vienne.

Art. 4. — Il est expressément entendu que la délivrance ou l'acceptation des expéditions desdits actes
ne préjugera ni les questions de nationalité, ni celles
qui pourront s'élever au sujet de la validité des
mariages.

Art. 5. — Les actes de l'état civil demandés de
part et d'autre, à la requête de particuliers non pour-
vus d'un certificat d'indigence, resteront soumis au

paiement des droits exigibles dans chacun des pays respectifs.

Art. 6. — La présente déclaration sortira ses effets à dater du 1er janvier 1893.

Signé : RIBOT, ZICHY.

Ce traité est, on le voit, profondément différent de celui qu'a conclu le Gouvernement français avec le Gouvernement anglais en 1907. Il n'y est pas dit, comme dans ce dernier, que les deux gouvernements sont « désireux d'empêcher autant que possible la fraude dans le cas des droits de succession ». Ici d'ailleurs, nulle communication d'affidavit à redouter.

Mais il ne faut pas perdre de vue encore une fois que le fisc autrichien va se trouver frustré par des Français des droits de succession qui lui reviennent. Il aura donc intérêt à ce que les choses se passent régulièrement, c'est-à-dire à ce que les banques ne se dessaisissent que sur présentation d'un acte de notoriété dont il sera fait mention dans la déclaration qui accompagnera l'acquit des droits de succession.

Or, si les choses se passent ainsi, le fisc autrichien se trouve en possession de documents qui présentent pour le fisc français l'intérêt que l'on sait. Le traité de 1892 oblige-t-il le fisc autrichien à la communication de ces documents ?

Certainement non, si l'on s'en tient à la lettre même du traité qui ne mentionne que la communication des actes de mariage et de décès, lesquels ne nous intéressent nullement ici.

Mais n'oublions pas que nous nous trouvons en présence d'une communauté d'intérêt de deux administrations fiscales, particulièrement désireuses de réprimer la fraude, et surtout en présence d'un traité qui a créé des relations régulières entre elles. Or l'intérêt du fisc passant avant toutes autres considérations, nul ne sait jusqu'à quel point les administrations fiscales des deux pays — qui, elles, ne craignent aucune inquisition — pourront étendre leurs relations et leurs communications de documents et d'indiscrétions.

Nous admettons donc très bien la possibilité d'un accord tacite des deux administrations fiscales de France et d'Autriche d'autant plus dangereux pour les amateurs de comptes-joints, qu'il leur sera inconnu et produira ses effets à l'improviste.

***

Cependant les banques autrichiennes, et parmi elles les plus importantes et les plus réputées, pratiquent le compte-joint.

Voici la formule d'un de ces établissements, d'ailleurs fort bien rédigée au point de vue juridique :

« Au sujet du dépôt solidaire que nous nous sommes fait ouvrir chez vous, et portant le n°... sur vos

livres, nous vous informons par la présente que chacun de nous a le droit de disposer pour tout ou partie par voie d'aliénation, d'échange, mise en gage ou
tout autre moyen, des titres, fonds, coupons et certificats de dividendes ; ce prélèvement de l'un de
nous vous décharge aussi valablement que s'il avait
été effectué par nous deux à la fois ».

« Ce droit de prélèvement réservé à chacun de
nous séparément subsiste même au cas de décès de
l'un des titulaires, à moins que des instructions ne
nous parviennent immédiatement et par voie judiciaire. »

On voit que prudemment les banques autrichiennes, désireuses de ne pas se créer de complications
avec un fisc dont elles connaissent les intérêts, se
réservent le droit de donner éventuellement suite aux
réclamations d'un héritier lésé.

Elles ne cachent d'ailleurs pas davantage la possibilité d'une inquisition fiscale, à laquelle il leur serait
impossible de se dérober :

« La banque ne donne de renseignements sur les
comptes-joints ouverts chez elle qu'aux titulaires de
ces comptes ou à leurs mandataires. Cette réserve
cependant cesse de s'appliquer au cas où les tribunaux lui demanderaient des renseignements. »

Les comptes-joints sont donc dangereux en Autriche, de l'aveu même des établissements qui les
ouvrent.

CHAPITRE X

1° Le compte-joint dans les Pays-Bas.

Il en est un peu des Pays-Bas comme de la Belgique ; ils sont très voisins de la France, et la visite des musées d'Amsterdam est le complément naturel d'un voyage à Bruxelles. Pour nombre de Français, la Hollande est donc un pays très connu. L'amabilité des habitants, leur facilité à parler le français contribuent à faciliter ces excursions. Bref, ce pays évoque chez la plupart d'entre nous les idées de sympathie, coefficient dont il faut toujours tenir compte, quand il s'agit du choix d'un pays étranger pour l'objet qui nous occupe.

La Bourse d'Amsterdam est très active ; à côté de fonds d'États et de provinces, on y trouve des valeurs de banques hypothécaires et surtout des valeurs coloniales (pétroles, tabacs, caoutchoucs, etc.,) qui alimentent de nombreuses transactions.

Les banques hollandaises sont très sérieuses ; certaines d'entre elles comptent même parmi les plus anciennes d'Europe. Le commerce d'exportation, si actif, qui alimente les ports de Rotterdam et Amsterdam contribue d'ailleurs pour beaucoup à développer les grandes affaires internationales.

Les dispositions du Code civil néerlandais sont pour ainsi dire calquées sur celles du nôtre, en ce qui concerne le mandat, l'obligation solidaire active et le dépôt. Voici d'ailleurs les articles qui nous intéressent :

Art. 1315. — Il est au choix du débiteur de payer à l'un ou à l'autre des créanciers solidaires, tant qu'il n'a pas été poursuivi judiciairement par l'un d'eux.

Art. 1850. — Le mandat finit par la mort, la faillite du mandant ou du mandataire.

Art. 1758. — En cas de mort de la personne qui a fait le dépôt, la chose déposée ne peut être rendue qu'à son héritier. S'il y a plusieurs héritiers, elle doit être rendue à chacun pour sa part.

Si la chose déposée est indivisible, les héritiers doivent s'accorder entre eux pour la recevoir.

Les développements que nous avons consacrés au compte-joint en France s'appliquent donc ici : le compte-joint se trouve en Hollande dans la situation où il était en France avant les lois de 1901 et 1903. La forme de mandat *post mortem* n'a donc aucune valeur juridique, et la solidarité active seule doit retenir notre attention.

L'impôt sur le revenu ne frappe que ceux qui résident dans le Royaume ; quant à l'impôt sur les successions, il ne s'applique pas aux valeurs mobilières aissées en Hollande par des étrangers qui ne sont pas domiciliés ou n'y résident pas.

Il n'existe aucune convention entre la France et les Pays-Bas relativement à la communication des pièces d'état civil.

La Hollande est donc un pays où le compte-joint peut être pratiqué sans danger sous forme de solidarité active, puisqu'il a une valeur juridique indiscutable, qu'il ne cause aucun préjudice aux intérêts du fisc hollandais, et qu'aucune convention n'existe entre les deux pays.

2° Le compte-joint dans les pays scandinaves.

Nous traiterons en un seul chapitre des trois pays scandinaves chez lesquels la communauté d'histoire, de traditions et de langue (1) ont contribué à l'établissement d'une législation presque conforme, au moins en ce qui concerne les institutions les plus usuelles.

Les Bourses de Copenhague et de Stockholm sont

1. Les langues danoise et norvégienne sont identiques ; il existe cependant des différences de prononciation assez sensibles, et il se produit à l'heure actuelle en Norvège un mouvement favorable à l'adoption de la landsmaal, vieille langue nationale. La langue suédoise se différencie très peu des deux précédentes, et les Scandinaves instruits des trois nations se comprennent sans difficulté.

les plus actives; la première possède un marché important de valeurs hypothécaires; dans la seconde se
négocient des valeurs minières et industrielles. La
Norvège s'est pendant longtemps contentée d'être un
pays maritime; mais, depuis la séparation qui l'a
affranchie de la tutelle de la Suède (1905), on cons-
tate dans ce pays un remarquable effort fait en vue
d'y installer la grande industrie. Plus que dans les
deux autres nations scandinaves, les capitaux étrangers se sont portés vers la Norvège, qui est appelée à
devenir un pays de grande production, et si l'on en
juge d'après la prodigieuse extension si rapidement
acquise par la Société norvégienne de l'azote et de
forces hydro-électriques, dans laquelle sont engagés
de gros intérêts français, et dont les actions ont été
introduites sur le marché de Paris avec une prime
de 50 %.

Il existe dans les trois pays des banques très pros-
pères, surtout à Copenhague et à Stockholm; à Chris-
tiania, une banque très intéressante, la Centralbanken
for Norge, s'est formée récemment par la fusion d'un
certain nombre de banques de province.

Peut-être s'étonnera-t-on que nous citions les pays
scandinaves dans cette étude. Leur développement
économique est récent, certes, mais offre un grand
avenir. De plus leur régime juridique est très favorable aux comptes-joints.

Dans aucun des trois pays, en effet, n'existe une

clause analogue à celle de notre article 1939 : le banquier, même s'il a connaissance du décès du déposant
ou de l'un des déposants, ne se trouvera donc pas
dans l'obligation impérieuse de ne se libérer qu'envers ses héritiers sur justification de leurs titres.

Il faut cependant se défier du mandat *post mortem*
qui fait l'objet en droit scandinave de nombreuses
controverses. Mieux vaut s'en tenir à l'obligation
solidaire active qui est assujettie à des règles très
propices au fonctionnement des comptes-joints. Une
disposition notamment, qui rappelle celle que nous
étudierons en détail dans le droit allemand, permet
d'établir que la banque se libère valablement envers
le co-propriétaire survivant même si un héritier lésé
lui intente une action. La responsabilité des banques scandinaves est donc absolument à couvert.

Telles sont les grandes lignes du droit scandinave,
très difficiles à dégager des Codes surannés remontant
au xvii° siècle pour le Danemark et la Norvège,
au xviii° pour la Suède, ainsi que d'un ensemble de
lois nombreuses et parfois très étendues (1).

Cependant les trois Gouvernements se sont mis
d'accord récemment pour la réunion d'une commission internationale qui s'est réunie en novembre 1909
à Stockholm, et est chargée d'élaborer un projet de

1. Le traité d'Aubert *Den Norske Obligationsrets specielle del* nous
a été particulièrement utile au cours de cette étude.

Code des obligations qui sera en vigueur dans les trois pays.

Aucun impôt ne grève les successions comprenant des valeurs mobilières laissées par des étrangers dans les pays scandinaves.

Aucune convention ayant trait au règlement des successions internationales ou à l'échange de documents intéressant les administrations fiscales n'existe entre la France et ces trois pays. Nous passons bien entendu sous silence une convention signée avec la Norvège pour assurer aux ayants droit la dévolution régulière des successions des marins des deux nations décédés en France et en Norvège.

Les administrations fiscales des pays scandinaves n'ont aucune raison de réprimer le compte-joint; par contre, elles ont un puissant intérêt à attirer les capitaux étrangers. Les pays scandinaves se prêtent donc à merveille aux comptes-joints.

CHAPITRE XI

Le compte-joint en Allemagne.

L'Allemagne est la terre bénie du compte-joint : nous allons montrer que les Français peuvent y frauder impunément et sans aucun risque du côté du fisc français, en même temps qu'ils réalisent de gros bénéfices. L'essor économique de ce pays, la solidité de ses banques, ainsi que l'activité de ses marchés en bourse et les dispositions spéciales de son Code civil offrent aux fraudeurs français des ressources qu'aucun autre des pays précédemment étudiés ne peut présenter.

ACTIVITÉ ÉCONOMIQUE

Est-il besoin de rappeler le développement industriel et commercial prodigieux de l'Allemagne depuis l'unification de l'empire?

Les actions des nombreuses entreprises industrielles et commerciales qui résultent du prodigieux essor économique de l'Allemagne depuis l'unification de l'empire, ainsi que les titres des fréquents emprunts

conclus par les Etats et villes de l'Empire, assurent
aux trois grands marchés financiers de Francfort,
Berlin, Hambourg, une activité considérable que n'a
pu amoindrir la loi si critiquée du 22 juin 1896, inter-
disant les marchés à terme sur les parts d'entreprises
minières et actions industrielles et prescrivant la
création d'un registre spécial de Bourse très gênant
pour les transactions (1).

Malgré cela, disons-nous, les transactions sont de
plus en plus actives. La Bourse de Francfort est de
beaucoup la plus importante ; elle présente notamm-
ment un compartiment de valeurs de charbonnages
extrêmement intéressant. A Hambourg, on trouve
des fonds scandinaves et des obligations hypothécaires ; à Berlin, des actions de banques. D'une manière générale, donc, les établissements de crédit
offriront à leurs clients des rentes allemandes et
d'États confédérés ou villes, dont les émissions sont
si importantes et si fréquemment renouvelées, des
bons du Trésor allemand ou prussien, puis des fonds
d'États étrangers dont l'émission se fait en Allemagne. Enfin, des valeurs industrielles purement allemandes, soit d'entreprises de l'intérieur, soit d'entreprises faites au dehors avec des capitaux allemands.

1. Les grands Établissements de banque n'ont cessé de demander
l'abrogation de cette loi. Voir le très intéressant discours prononcé
par M. Max Warburg au Congrès des banquiers allemands tenu à
Hambourg en 1907.

Or, les banques allemandes sont très puissantes, et elles doivent leur force à la transformation radicale survenue depuis un demi-siècle, mais surtout depuis vingt ans dans l'économie même de leur politique financière qui leur a permis, grâce à une hardiesse bien autre que celle des pays environnants, de prendre la direction du mouvement industriel et commercial de l'Allemagne. Le phénomène le plus caractéristique de cette transformation, c'est l'extraordinaire concentration des établissements de banque depuis 1870, mouvement encore accentué depuis 1890.

Comme en France et en Angleterre, le commerce de banque resta longtemps en Allemagne le domaine exclusif de quelques puissantes banques privées et locales, que leur ancienneté et leur politique prudente avaient dotées d'une grosse fortune. C'étaient les Rothschild à Francfort, les Mendelssohn et les Bleichrœder à Berlin, les Oppenheim à Cologne, les Berenberg Gossler, les Warburg et les Behrens à Hambourg.

On trouve bien dans les années qui précèdent l'unification de l'Allemagne quelques constitutions de banques par actions, telles que celle de la Bank für Handel et Industrie (1853). Mais ce mouvement d'unification et de concentration économique que facilitait la création du Zollverein (1833) prend son plein essor après 1871. Une fois de plus les théories

de List sur l'économie nationale se trouvèrent véri-
fiées: la puissance économique d'un peuple est en
raison directe de son importance politique. L'Empire
était jeune et les Allemands ne demandaient qu'à
étonner le monde par la puissance de leurs « choses
d'empire », aussi bien dans le domaine privé que sur
le terrain politique. Il faut dire d'ailleurs que la loi de
1870 supprimant pour les sociétés par actions l'obligation de l'autorisation et de la surveillance gouver-
nementales contribua puissamment à favoriser leur
développement.

A peine cette loi de 1870 était-elle entrée en application que se fondaient deux des plus puissantes
sociétés de crédit de l'Allemagne : la Deutsche Bank
(15.000.000 de marks) et la Commerz et Disconto
Bank de Hambourg (30.000.000 de marks).

Le mouvement continua, s'accentua avec la création de la Dresdner Bank et de la Disconto Gesellschaft et l'on pourrait multiplier à l'infini les exemples
de fusion de banques moyennes avec de grandes
banques qui les ont absorbées. La Disconto Gesellschaft a ainsi absorbé la Norddeutsche Bank de
Hambourg, dont elle a acquis toutes les actions
(40.000.000 de marks), tout en lui laissant l'existence
nominale. Elle a depuis absorbé la Rheinische Disconto Gesellschaft et la maison Rothschild de Francfort. Le procédé d'absorption était d'ailleurs suivi
par la Dresdner Bank et par la Deutsche Bank. Cette

dernière englobait dès 1904 une vingtaine de firmes possédant 370 comptoirs de diverses natures. Il n'est pas inutile de faire remarquer d'ailleurs que ces grandes concentrations se produisaient non pas dans une seule mais dans plusieurs villes d'Allemagne : à Berlin, la Deutsche Bank ; à Dresde, la Dresdner Bank ; à Francfort, la Discontogesellschaft. Toutes les parties de l'Allemagne profitaient donc du mouvement, qui s'accrut encore à partir de 1880.

A l'heure actuelle, le groupe des grandes banques allemandes par actions (Deutsche Bank et les 20 banques contrôlées par elle, la Dresdner Bank, la Discontogesellschaft et les 19 banques qui lui sont affiliées, la Bank für Handel et Industrie et les 6 banques qui en dépendent, la Commerz et Disconto Bank, la Mitteldeutsche Creditbank et la Berliner Handelsgesellschaft) atteint 80 % du capital total des banques allemandes.

Or les banques, constatant les progrès réalisés par elles et dus uniquement à la concentration précédemment exposée, s'efforcèrent d'appliquer cette concentration à l'industrie ; leur intermédiaire était indispensable pour cette opération. Sous l'impulsion des grandes banques, la concentration se généralise dans les industries minières, textiles, métallurgiques et électriques, où de plus en plus un avantage marqué semble réservé aux grands établissements. On connaît la puissance de l'industrie de l'électricité en

Allemagne, contrôlée par de gros syndicats tels que le groupe Siemens Schuckert et celui de l'Allgemeine Elektrizitæts Gesellschaft opérant sous la haute direction du consortium des grandes banques.

On sait la facilité, la hardiesse, parfois jugées excessives par les banques françaises et anglaises, avec lesquelles les banques allemandes ont consenti aux entreprises industrielles de leur pays, le crédit à découvert et les acceptations, en même temps qu'elles acquéraient un droit de gestion dans les sociétés en y faisant entrer comme administrateurs des personnes appartenant à la direction de leurs établissements. Politique téméraire, grosse de conséquences en cas de crise industrielle, disent les critiques pessimistes : il ne nous appartient pas de la juger ; mais nous avons tenu à faire cet exposé pour montrer l'étroite union de l'industrie et de la banque allemande, qui a donné à cette dernière une puissance, un rôle dans le développement économique général, dont on chercherait vainement l'équivalent dans les autres pays.

Les banques sont d'ailleurs bien vues d'un gouvernement dont les difficultés financières se sont accrues ces dernières années, et qui a besoin de leurs bons offices pour répandre dans le public allemand les titres de ses fréquents emprunts. Ajoutons que la direction des banques en Allemagne est confiée à des hommes de grande valeur.

Les banques allemandes sont donc de premier

ordre : ajoutons que la connaissance du français est d'une pratique courante dans la totalité de ces établissements, et que leurs procédés sont empreints d'une amabilité, d'une complaisance qui sont bien de nature à enlever toute hésitation aux capitalistes étrangers.

Depuis 1900, un seul Code civil régit tous les États confédérés de l'Allemagne. Examinons-en les dispositions qui intéressent le compte-joint.

1° *Mandat*. — Le mandat (Auftrag) est défini par l'article 672 du Code civil allemand « un contrat par lequel le mandataire (der Beauftragte) s'engage à mener à bien et gratis une affaire que lui a confiée le mandant (Auftraggeber) ».

Mais la grande caractéristique du mandat en droit allemand, est qu'il ne se termine pas par la mort du mandant.

Voici en effet la traduction littérale de l'article 672 :

« Le mandat ne finit pas, dans le doute, par la mort du mandant ».

Ce qui, en bon français, veut dire :

Pour que le mandat finisse par la mort du mandant, il faut stipulation expresse des parties : faute de quoi, le droit commun est que le mandat survit à la mort du mandant, et cette solution sera appliquée à toutes contestations (doute) en pareille matière.

Nous nous trouvons donc en présence de dispositions qui sont exactement l'inverse de celles de notre
Code.

Aussi le mandat *post mortem* est-il parfaitement
valable en Allemagne, d'autant plus qu'il n'existe en
droit allemand aucune obligation analogue à celle de
notre article 1939, qui fait défense au dépositaire de
se dessaisir envers tous autres que les héritiers du
déposant.

Aucune disposition ne vient donc en droit allemand
gêner l'application de l'article 672 qui valide le mandat *post mortem*.

2° *Solidarité active.* — La solidarité active est défi-
nie par l'article 428 : un lien de droit qui permet à
plusieurs créanciers d'exiger d'un débiteur unique le
paiement de tout ou partie d'une prestation... Le
débiteur d'ailleurs a le droit de se délibérer à son gré
envers l'un quelconque des créanciers.

Nous avons déjà expliqué, à propos de la question
identique qui se pose en droit français, qu'il faut voir
deux choses bien distinctes dans cet article.

1° L'initiative laissée au débiteur lui permettant
de payer, sans y être invité, au créancier de son choix.

2° La décharge donnée par le Code au débiteur
quand il paie à l'un quelconque des créanciers, qui
se sera présenté à lui à cet effet.

Le premier point constitue une faveur à laquelle

la banque renonce évidemment, mais cette renonciation ne la privera pas du bénéfice du deuxième
point, et elle sera valablement déchargée par le
paiement qu'elle effectuera à l'un des créanciers.

Mais la fin de l'article 428 est d'une importance
considérable pour le compte-joint :

« Cette faculté (celle pour le débiteur de se libérer envers le créancier de son choix) subsiste même
au cas où l'autre créancier a introduit contre le débiteur une action en justice pour lui réclamer le paiement du dépôt. »

L'importance de cet article n'échappe pas à nos
lecteurs. En effet, qu'est-ce qui, en droit français,
donne à réfléchir aux fraudeurs? C'est l'obligation
où la banque se trouve de surseoir au paiement,
quand elle est l'objet des poursuites de l'un des
créanciers ou d'héritiers qui s'estiment lésés. L'article 428 rend pareille hypothèse irréalisable en
Allemagne.

Nous avons ainsi suffisamment démontré combien
le régime juridique allemand est favorable au compte-
joint puisque les trois grands obstacles du Code français: fin du mandat par la mort du mandant, inter-
diction à la banque de se libérer au cas de poursuites
des héritiers du co-titulaire décédé, et obligation pour
elle de se dessaisir du dépôt à qui excipe valablement de sa qualité d'héritier, disparaissent en droit
allemand.

LÉGISLATION FISCALE

Voyons maintenant les impôts auxquels le compte-joint peut se trouver assujetti du vivant de ses co-titulaires.

Les comptes-joints ne sont soumis à aucune réglementation particulière comparable à celle qui résulte en France des lois de 1901 et 1903.

Aucun impôt sur le revenu ne frappe les comptes dont les propriétaires sont domiciliés à l'étranger et ils échappent à tous impôts sur les successions.

Donc l'État allemand et les États particuliers ne subiront aucun dommage du fait du compte-joint, et les capitalistes français n'ont pas en Allemagne à redouter les rigueurs du fisc. Et il n'y a pas à craindre que ce régime change de si tôt. L'échec du projet Bülow (juin 1909) qui prétendait aggraver les charges successorales a montré combien le public allemand est hostile à toute imposition basée là-dessus. Il convient d'ailleurs d'ajouter que dans les différents États les taux sont bien moins élevés qu'en France, et que dans l'Empire, comme dans la plupart des États particuliers, les successions en ligne directe (les plus fréquentes) ne sont assujetties à aucun droit de mutation.

Il n'existe aucun accord fiscal entre les deux pays ; mais le 16 avril 1846 le Gouvernement français a conclu avec le Gouvernement badois un traité dont les dispositions furent étendues à l'Alsace-Lorraine par la convention du 11 décembre 1871. Son but est de déterminer d'après quelles règles on doit apprécier dans l'un des pays la compétence du tribunal de l'autre dont l'exequatur est demadé. Ce traité est donc analogue à celui qui a été conclu avec la Suisse en 1869. Voici ses dispositions:

Article premier. — Les jugements ou arrêts rendus en matière civile ou commerciale par les tribunaux compétents de l'un des deux États contractants emportent hypothèque judiciaire dans l'autre ; en outre ils seront exécutoires lorsqu'ils auront acquis l'autorité de la chose jugée, pourvu toutefois que les parties intéressées se conforment à l'article 3.

Art. 2. — Sera réputé compétent :

a) Le tribunal de l'arrondissement duquel le défendeur a son domicile ou sa résidence ;

b) De plus, en matière réelle, celui dans l'arrondissement duquel est situé l'objet litigieux ;

c) En matière successorale, le tribunal du lieu où la succession est ouverte ;

d) Le tribunal de l'arrondissement duquel les parties ont élu domicile pour l'exécution d'un acte.

L'article 3 renferme certaines formalités à observer.

Ce traité, comme ont le voit, n'a aucunement trait à la communication de documents fût-ce des actes de l'état civil, ainsi qu'il en est question dans la convention franco-autrichienne de 1892. Et au cas éventuel d'un procès à propos de la liquidation du compte-joint, il ne nous semble pas présenter une grande utilité. Si l'hériter lésé veut assigner la banque allemande devant le tribunal du lieu où la succession est ouverte (en France), la banque fera valoir à bon droit la compétence du tribunal où elle — défendeur — a son domicile, et l'affaire ne pourra se plaider en France. Ajoutons d'ailleurs que ce traité ne concerne absolument que le Grand Duché de Bade et l'Alsace-Lorraine, pays où la pratique du compte-joint ne s'exerce nullement puisqu'elle nécessite les marchés financiers les plus actifs. Il ne peut donc créer aucun danger aux titulaires de comptes-joints.

La Banque d'Angleterre avait été, nous l'avons vu, l'éducatrice des banques anglaises en matière de comptes-joints. De même, en Allemagne, ce fut la Banque d'Empire qui donna la première aux banques allemandes une excellente leçon d'application de ce procédé financier.

Sous le nom de Gemeinschaftsdépôts (dépôts conjoints) la Reichsbank ouvre à 5 titulaires au plus un compte-joint, et les 5 titulaires signent une déclaration ainsi conçue : « Chacun de nous ou de nos héritiers peut valablement disposer des valeurs et des fonds constituant le dépôt et en donner quittance. »

Lors de la grande période d'évasion fiscale qui suivit l'application des lois de 1901 et 1903 en France, les banques allemandes se souvinrent de ce procédé et se mirent à préconiser aux capitalistes français les avantages de leurs comptes-joints. Voici la circulaire envoyée en France par un des plus grands établissements de banque de l'Allemagne :

« Les valeurs mobilières déposées en Allemagne par des étrangers non domiciliés dans l'Empire ne sont soumises :

1° A aucun impôt sur le revenu ;

2° A aucun impôt sur les successions.

Ni le Gouvernement allemand, ni un Gouvernement étranger n'ont aucun droit d'investigation sur des dépôts constitués en Allemagne par des étrangers.

Nous sommes également disposés à faciliter à nos correspondants — banques et banquiers — le dépôt, dans nos caisses, de titres appartenant à leur clientèle, et d'ouvrir à cet effet des comptes de dépôts séparés au nom de leurs différents clients, dépôts qui resteraient pourtant sous la direction et le contrôle de nos correspondants.

Pour les opérations de ventes et d'achats de titres, vous auriez à nous remettre une lettre directe, signée par votre client, et de notre côté, nous lui adresserions par votre entremise, ou si vous le désirez directement, l'avis d'opéré et le décompte.

Pour les retraits de titres et autres dispositions, le client devra également nous donner ses instructions, à moins qu'il ne vous autorise, une fois pour toutes, par un pouvoir, à nous remettre et à disposer en son nom. »

Et l'on peut affirmer que cette propagande fut suivie de succès, et que nombre de comptes-joints aux noms de Français, fonctionnent tranquillement en Allemagne à l'heure actuelle.

∴

Que peut faire le Gouvernement français ?

A l'heure actuelle, et pour longtemps probablement : absolument rien. Mais dans l'avenir ?

Il est absolument certain que le Gouvernement allemand a intérêt à attirer les capitaux français en Allemagne et qu'il serait difficile de l'amener à conclure une convention analogue à l'accord franco-anglais qui, en coupant court à la pratique des comptes-joints, priverait l'Empire allemand des fonds, très abondants, qu'il doit à la protection que — bien involontairement d'ailleurs — son Code civil offre aux fraudeurs français.

Mais si considérables soient-ils, ces fonds que lui amène la dite fraude, sont très loin de suffire aux besoins du Gouvernement allemand, qui procède à de fréquentes émissions d'emprunts. Et nul n'ignore qu'un de ses grands désirs est d'obtenir l'admission de ses valeurs nationales à la cote de Paris. Paris est en effet le marché par excellence où un emprunt sérieux — surtout quand il émane d'un Etat de premier ordre — trouve immédiatement preneurs et à des conditions avantageuses parmi ce public de petits capitalistes français dont l'esprit économe est une des qualités les plus caractéristiques de la race. Or ce désir d'obtenir l'admission à la cote de Paris n'a pu que s'accroître avec l'insuccès des derniers emprunts publics émis dans l'intérieur de l'Empire. Et quels insuccès !

« Nous avons annoncé l'émission pour le commencement de 1910 d'un nouvel emprunt allemand de 284 millions de marks destiné à couvrir le déficit de l'exercice 1907-1908 et le déficit qui résultera probablement en 1909 de l'ajournement consenti aux États confédérés pour le paiement de leurs contributions matriculaires. l'Annonce de cet emprunt d'empire à la Bourse de Berlin, le 3 °/₀ a, depuis vendredi, enregistré chaque jour une baisse variant entre 10 et 15 pfennigs. Bien que l'émission ne doive s'effectuer que dans six mois, le marché se montre très inquiet. La cause principale de cette inquiétude réside en ce que le dernier emprunt n'a pas constitué une brillante opération, attendu que des lots importants de titres n'ont pu être placés et sont restés entre les mains du consortium d'émission. Cela est vrai surtout pour les titres 3 1/2. On se rappelle qu'au printemps on procéda à l'émission de 800 millions de marks d'emprunts allemand et prussien. Sur cette

somme il y avait pour 400 millions de titres 4 °/₀ et
et pour 400 millions de titres 3/2 °/₀. Tandis que le
placement des premiers s'est opéré sans difficulté,
celui des seconds a laissé beaucoup à désirer. Le consortium d'émission s'est vu dans l'obligation non seulement de reprendre les nombreux titres qui n'avaient
pas trouvé preneur, mais encore d'acheter de grandes quantités de titres 3 1/2 des emprunts précédents
afin d'empêcher une baisse des cours qui, sans cela,
se serait fatalement produite. Dans ces conditions,
le marché de Berlin se demande comment on pourra
parvenir à placer le nouvel emprunt annoncé (1). »

Jusqu'ici le Gouvernement français a opposé une
fin de non-recevoir aux ouvertures officieuses dont il
a été l'objet en vue de l'introduction des titres allemands ; point n'est besoin d'insister sur les motifs ;
l'attitude de l'Allemagne au cours des affaires maro-
caines rendait d'ailleurs inutile toute pensée de négociations.

Cependant, il est incontestable que sur le terrain
financier il s'est opéré un rapprochement, notamment
depuis janvier 1909. La National Bank für Deutschland
a participé d'une façon très large à l'augmentation
du capital au Crédit mobilier français ; la Société
financière de banque et de dépôts va fonder à Berlin une succursale ; ce sera, en la capitale allemande,

---

1. *Financial News*, 24 août 1909.

la première fois qu'une banque française s'y établira.

L'Allegemeine Elektrizitätsgesellschaft vient, avec le concours de la Compagnie Thomson-Houston, de Paris et d'un groupe de banques de créer une Société d'électricité au capital de 5 millions qui constituera une sorte de trust.

On annonce, d'autre part, la création prochaine à Munich d'une banque franco-allemande, la Deutsche Französische Bank.

Lors du dernier emprunt impérial une petite brochure de propagande fut envoyée par milliers aux capitalistes français par les soins de la banque Lazard Speyer Ellissen, tant les banquiers allemands avaient d'intérêt à *drainer* les capitaux français.

Cependant malgré ce rapprochement financier, il est certain que l'admission à la cote des valeurs allemandes est loin d'être accueillie favorablement par l'ensemble de la presse et de l'opinion en France.

Il est hors de doute, que, en compensation d'un pareil avantage désiré depuis tant d'années, et intéressant aussi directement la prospérité allemande, le fisc français pourrait demander au Gouvernement allemand la conclusion d'une convention analogue à l'accord franco-anglais de 1907.

Cet accord serait-il efficace ?

En Allemagne, le fisc jouit d'un pouvoir inquisitorial très étendu :

Les impôts de bourse sont passibles de droits de

timbre constatés par l'apposition de timbres mobiles sur les bordereaux (Schlussnoten) constatant la négociation. Or le fisc, pour vérifier l'apposition de ces timbres, a droit de se faire présenter non seulement les bordereaux en question, mais encore toutes les valeurs que détiennent les banques, ainsi que leur correspondance et les livres de commerce. Elles sont en outre tenues de donner aux fonctionnaires tous les renseignements qui leur sont nécessaires, ainsi qu'un local convenable pour effectuer leurs travaux.

Cependant, malgré ce pouvoir d'investigation attribué au fisc allemand, un accord franco-allemand, s'il se réalisait, serait loin de présenter les mêmes dangers que l'accord franco-anglais, puisque, à la différence du fisc anglais, le fisc allemand n'est pas intéressé à démasquer les fraudes commises par le procédé du compte-joint ; ne subissant aucun préjudice de ce fait, il se garderait bien de s'empresser de lui-même de communiquer au fisc français des renseignements qui ne pourraient que provoquer un retrait de capitaux français, nuisible aux intérêts économiques de l'Allemagne, que l'administration impériale a toujours compris à merveille.

D'ailleurs à l'heure actuelle, le fisc allemand ne s'intéresse qu'aux Schlussnoten sur lesquelles ne figurent, le plus souvent, que les noms de la banque et du courtier ; seule la vue des livres de comptes courants pourrait lui être utile pour donner au fisc français des renseignements sur l'ouverture des comptes-joints. Or le livre des comptes courants ne peut lui servir de rien pour la vérification des Schlussnoten, et au cas où il demanderait à voir ce livre, le fisc s'exposerait, de la part du banquier, à un recours en justice qui conduirait à la constatation officielle de son abus de pouvoir et lui enlèverait toute envie de renouveler sa tentative.

Il faudrait donc, pour qu'un accord franco-alle-mand porte ses fruits pour le fisc français, que l'Allemagne modifie sa législation fiscale, en rendant passibles des droits de mutation les successions en ligne directe et entre époux de ses nationaux et des étrangers et que, constatant les nombreuses fraudes qu'elle subit de ce chef par le procédé des comptes-joints, elle prenne des mesures analogues à celles de nos lois de 1903. De plus, il lui faudrait alors modifier son Code civil quant au mandat et à l'obligation solidaire.

Faire cette longue liste de réformes législatives à accomplir, c'est montrer combien elles sont irréalisables et combien un accord franco-allemand, analogue à l'accord fiscal franco-anglais, manquerait son but, en admettant même que sa conclusion soit possible.

CONCLUSION

Nous avons consacré à l'Allemagne un développement bien plus considérable qu'aux autres pays, parce que, nous le répétons, l'Allemagne est à l'heure actuelle le pays du compte-joint par excellence.

Se faire ouvrir un compte-joint en Allemagne, c'est accomplir un acte parfaitement valable selon le droit civil du pays et qui ne lèse nullement les intérêts du fisc de là-bas, et c'est avoir la certitude qu'en raison de l'absence de convention internationale et même de relations officieuses entre administrations des deux pays, il sera impossible au fisc français de connaître l'existence du compte-joint ainsi que le montant des sommes qui y figurent.

Nous maintenons donc qu'à l'heure actuelle la pratique du compte-joint en Allemagne offre la sécurité la plus absolue aux fraudeurs français : si nous avons longuement expliqué les raisons qui, dans l'avenir, peuvent amener les deux gouvernements à conclure une entente fiscale, nous n'avons pas dissimulé que sa réalisation est subordonnée à l'accord à l'Allemagne du seul avantage qu'elle attende du gouvernement français : l'admission de ses valeurs nationales à la bourse de Paris, bien improbable à l'heure actuelle :

Nous avons de plus montré que, pour donner à cette convention l'application utile, il faudrait bouleverser la législation civile et financière de l'Allemagne.

Aussi, nous ne pouvons que répéter nos premières paroles :

L'Allemagne est le pays des comptes-joints par excellence : les capitalistes français qui s'en font ouvrir dans ce pays ne courent aucun risque actuellement et pendant de longues années encore.

CHAPITRE XII

Hypothèse d'un procès s'élevant à l'occasion du compte-joint.

L'Allemagne étant le pays qui se prête le mieux à la combinaison du compte-joint, c'est elle uniquement que nous allons envisager dans l'étude que nous consacrons à l'éventualité d'un procès qui serait intenté au co-titulaire survivant.

Hâtons-nous de dire que jamais jusqu'ici le compte-joint n'a donné lieu à pareil événement, et c'est en somme facile à expliquer, puisque pour en venir à ce procédé, les co-titulaires doivent ou bien n'avoir pas d'autres héritiers que des enfants d'un même lit, ou dans les autres cas, être certains de la concorde qui règne dans leur famille.

Or la nature du procès change selon qu'il existe ou non des héritiers lésés. Dans le premier cas, qui est le plus fréquent, le fisc agira seul (1) ; dans

---

1. La loi de finances portant fixation du budget de 1907 a porté de cinq à dix ans le délai pendant lequel l'Administration de l'Enregistre-

le deuxième, il se joindra à l'action des héritiers lésés.

Nous ne dirons que peu de chose du premier cas : Nous ne voyons pas comment le fisc français peut arriver à apprendre l'existence ou la liquidation d'un compte-joint en Allemagne, puisque aucun échange de documents ou d'indiscrétions n'existe entre les deux administrations fiscales. La banque allemande, lorsqu'elle enverra les titres, s'arrangera facilement pour trouver un procédé qui ne puisse éveiller les soupçons du fisc ; l'enveloppe de l'envoi ne portera aucune indication ni du contenu ni de la provenance, ou bien la banque allemande adressera son envoi à un établissement français qui le fera parvenir à l'intéressé.

Le fisc ne pourrait donc connaître l'existence du compte-joint que par la dénonciation — forcément anonyme — d'un employé de la banque allemande ou par la lecture d'un courrier qu'on aurait fait séjourner au cabinet noir. Or le fisc ne pourrait évidemment motiver son assignation par de pareilles considérations ; il ne pourrait assigner le co-titulaire survivant « attendu qu'il résulte de la dénonciation du sieur X..., ou des lettres interceptées, échangées entre la banque Z... et le défendeur que ce dernier a prélevé

ment pourra relever les omissions commises dans les déclarations de successions.

à l'étranger des sommes et titres sur lesquels il a frustré le fisc français des droits de mutation qui lui revenaient ».

La jurisprudence refuserait d'entamer un procès dans de pareilles conditions. Or ce sont les seules preuves que pourrait faire valoir le fisc.

Et comme il ne lui est pas permis, dans l'état actuel de notre législation, d'assigner le co-titulaire survivant et de lui déférer le serment sur la question de savoir s'il a ou non échappé frauduleusement aux droits de succession, il lui est impossible de tirer parti des soupçons qu'il a conçus ou des renseignements qu'il a acquis par des moyens inavouables.

Nous maintenons donc qu'il est impossible au fisc français, agissant sans l'intervention d'héritiers lésés, d'arriver à connaître l'existence de la liquidation d'un compte-joint ouvert en Allemagne par des moyens propres à lui fournir les éléments d'un procès en revendication de son dû.

Nous pourrions arrêter là nos développements, puisque dans la plupart des cas le compte-joint, ouvert entre conjoints qui n'ont pas d'enfants d'un second lit, exclut l'intervention d'héritiers lésés.

Mais il nous a paru que pour épuiser la question, il nous fallait envisager l'éventualité d'une pareille intervention ; elle soulève d'ailleurs des difficultés de droit international dont l'étude nous a paru intéressante.

Les contrats de comptes-joints passés à l'étranger stipulent tous une élection de domicile des titulaires près du tribunal de la ville où se trouve le siège de la banque étrangère. Nous examinerons plus loin jusqu'à quel point les héritiers lésés se trouvent liés par cette clause. Supposons pour le moment que ceux-ci soient décidés à plaider en Allemagne.

Premier cas. — *Les héritiers lésés plaident en Allemagne.*

Supposons que les héritiers qui s'estiment lésés aient connaissance de l'existence du compte-joint. Ils adressent à la banque allemande une lettre recommandée dans laquelle, par acte de notoriété, ils excipent de leur qualité d'héritiers et la prient de ne pas se dessaisir envers le co-titulaire survivant, puisque l'un des déposants étant mort, c'est envers l'hoirie qu'elle est désormais comptable du dépôt, et ce, jusqu'au partage définitif de la succession.

La banque allemande ne tiendra nul compte d'une pareille opposition, objectera aux héritiers en question la force irrésistible de l'article 428 du Code allemand, alléguera qu'elle ne comprend pas leur intervention, puisque le dépôt est loin d'être sans titulaire et qu'elle n'a à connaître que les instructions du co-propriétaire survivant, dont les pouvoirs sont restés les mêmes. S'il y a infraction à la règle de la quotité disponible, c'est une question à débattre entre héritiers, après qu'elle aura payé à celui d'entre eux qui y a droit, mais c'est une question dans laquelle elle n'a pas à intervenir.

Et le tribunal allemand ne pourra plus tard nullement blâmer la banque de n'avoir pas sursis au paiement et déféré au désir des héritiers en consignant le dépôt dans une caisse officielle à ce destinée. Car voici les cas limitatifs où l'article 372 crée pour le dépositaire une faculté, et non un devoir, d'effectuer une consignation : « Le débiteur peut effectuer une consignation (Hinterlegung) quand le créancier tarde à réclamer son dû. Il le peut encore quand il estime que, en raison de ses doutes sur l'identité du créancier — quand toutefois ce doute ne provient pas de sa propre faute — il lui est impossible de se libérer en toute sécurité. »

Or il est bien évident ici que la banque n'a aucun doute sur la personne ou la signature du co-titulaire survivant, pas plus que sur la validité de sa créance, puisque le co-titulaire décédé a indiqué cette personne lui-même. Et les dispositions sur le mandat et l'obligation solidaires sont formelles ; aucun obstacle ne peut obliger la banque à surseoir au paiement.

Inutile de s'adresser au Tribunal, puisque, nous l'avons vu, l'introduction d'une instance ne suspend pas le droit de la banque de se dessaisir envers l'un des co-créanciers.

Mais il est hors de doute que la banque engagerait gravement sa responsabilité en refusant aux héritiers lésés les renseignements qu'ils peuvent lui demander sur l'existence du compte-joint et le montant des sommes qu'elle a pu verser au titulaire survivant. Ceci résulte de l'article 610 du Code civil de l'empire.

« Celui qui a un intérêt légitime à examiner une chose qui se trouve en des mains tierces, peut demander au détenteur l'autorisation de l'examiner, si, cette chose a été constituée dans son intérêt, ou si dans ce document, se trouve la preuve de l'existence d'un lien juridique entre lui et une autre personne, ou si la pièce contient des renseignements sur une affaire litigieuse l'intéressant lui et une autre personne, ou l'un d'eux et leur intermédiaire commun. »

Cet article établit donc le bien-fondé de la demande des personnes en question, mais il ne fait pas un devoir à la banque de fournir la communication réclamée.

Cependant, puisque nos héritiers lésés ont à cette communication le légitime intérêt dont il est question à l'article 810, la banque engagerait gravement sa responsabilité si elle refusait cette communication.

En ce cas, les héritiers lésés n'auraient qu'à s'adresser au Tribunal, qui ne trouverait naturellement rien à dire au dessaisissement de la banque envers le créancier survivant, mais ne manquerait pas de lui ordonner la communication désirée.

Nous venons donc de voir que l'action contre la

banque en Allemagne ne peut avoir pour conséquence que l'obligation pour elle de communiquer certains renseignements. En aucun cas le tribunal ne la condamnera à des dommages-intérêts à raison du préjudice que son dessaisissement a pu causer aux demandeurs. Ils auront beau objecter les lois de 1901 et 1903 en France, l'article 1939 de notre Code civil, le tribunal allemand ne connaît que l'article 428 du Code allemand, et la banque sera mise hors de cause.

Cependant il reste aux héritiers lésés un recours contre le titulaire survivant.

Il est bien évident que le tribunal allemand ne peut reprocher à celui-ci une manœuvre malhonnête, puisqu'elle ne porte aucun dommage aux intérêts du fisc allemand, et qu'elle est basée sur des fondements juridiques inattaquables au point de vue du droit allemand.

Le fait pour un Français de se faire ouvrir en Allemagne un compte-joint conforme aux stipulations du droit allemand, quoique celles-ci diffèrent de celles du droit français, est irréprochable. L'article 11 de la loi d'introduction du Code civil stipule en effet que pour être valable, il suffit qu'un contrat observe la législation du lieu où il a été passé. D'ailleurs « l'application d'une loi étrangère se trouve écartée, si elle est contraire à l'ordre public, ou au but que poursuit une loi allemande ».

Cette disposition de l'article 30 de la dite loi dis-

pense d'introduction au Code civil la banque allemande de tenir compte de l'article 1939 du Code civil
français et sauvegarde complètement sa responsabilité au cas où, malgré l'opposition des héritiers
lésés, elle s'est libérée envers le co-titulaire survivant.

Mais contre ce dernier, les héritiers lésés ont un
recours certain qu'admettront sans nulle difficulté
les juges allemands. Pour fixer le dommage causé
aux demandeurs, le tribunal s'en rapportera à la loi
française, puisque en matière de succession l'article 25 de la loi d'introduction au Code civil applique
le statut personnel : « La succession d'un étranger
domicilié dans l'Empire est réglée par les lois de
l'État auquel il appartient au moment de son décès. »
A plus forte raison donc quand l'étranger n'est pas
l'Empire !

Le tort commis apparaîtra et le co-titulaire survivant sera estimé coupable de l'enrichissement in-
justifié (ungerechtfertigte Bereichung) dont parle l'article 812. Bien plus, il sera coupable d'infraction à
l'article 819 qui fait une obligation à quiconque a
fait un prélèvement, de le rendre à qui de droit dès
qu'il vient à se rendre compte du caractère illicite
de son acte. Or le fait de s'adresser à la banque allemande pour éviter l'application des lois françaises
uniquement afin de commettre la fraude, prouve
bien la préméditation et la connaissance d'une irrégularité.

Qu'adviendra-t-il du dépôt?

La loi allemande ne reconnaissant pas les donations déguisées, la question ne se pose pas — ainsi
que nous l'examinerons tout à l'heure devant le tribunal français — de se demander jusqu'à quel point
le juge annulera ou réduira la libéralité faite au co-
titulaire survivant.

Le partage sera fait selon les règles du Code civil
français, comme au cas où il n'a pas été fait de testament.

Mais le co-titulaire qui a indûment prélevé devra
restituer la somme avec intérêts courus (art. 818) et
pourra être condamné à des dommages-intérêts (823).

Et le fisc français? Supposons qu'il soit au courant
de l'action intentée en Allemagne? Va-t-il se porter
partie jointe au procès des héritiers lésés? Nullement, car son action ne serait pas recevable devant
des tribunaux allemands; il attendra donc la liquidation de l'affaire, et quand des débats résultera pour
lui l'information la plus complète sur le montant des
droits dont il a été frustré il actionnera en France la
succession, pour la répétition de son dû.

La conclusion de ce qui précède est qu'en cas de
procès en Allemagne, la banque allemande est absolument hors de cause, mais que le contrat du compte-
joint ne confère nullement au co-titulaire survivant
auprès du tribunal allemand une immunité contre
le recours des héritiers lésés.

Supposons d'ailleurs que la sentence du tribunal allemand, contrairement à notre interprétation, donne raison au co-titulaire survivant et déboute les héritiers lésés de leur demande. Ceux-ci forts de la preuve de l'existence du prélèvement, qui a été avouée et vérifiée au cours des débats, vont s'adresser à la justice française.

Ici une difficulté : les tribunaux français ont un pouvoir d'appréciation, en vertu duquel ils pourront refuser de statuer au fond, en faisant valoir aux demandeurs que le fait d'avoir porté leur instance devant une Cour étrangère les prive du droit de saisir ensuite la justice française de la même cause.

Supposons donc que les tribunaux français refusent de statuer au fond. Il reste d'abord aux héritiers lésés un autre moyen d'agir, que leur confère l'article 2 de la loi du 14 juillet 1819, ainsi conçu :

« Dans le cas de partage d'une même succession entre des cohéritiers français et étrangers, ceux-ci prélèveront, sur les titres situés en France, une portion égale à la valeur des biens situés en pays étranger, dont ils seraient exclus, à quelque titre que ce soit, en vertu des lois et coutumes locales. »

Cet article parle de concours d'héritiers français et étrangers. Ici il n'y a lésion qu'à raison d'avantages accordés par la loi étrangère à des héritiers *français*. Un arrêt de la Chambre civile de la Cour de cassation du 27 avril 1868 (1) étend à ce cas l'application de l'article 2 en question.

« La disposition de l'article 2 est générale et absolue ; surtout elle ne comporte pas la distinction proposée entre le cas où les héritiers français concourant avec des héritiers étrangers et celui où il n'existe que des héritiers français concourant entre eux. Il en résulterait que, tandis que par dérogation au droit commun, et uniquement pour favoriser l'héritier français, l'héritier étranger serait privé du bénéfice de la loi qui régit la transmission des biens, il arriverait d'un autre côté que cette même loi couvrirait, au contraire, de son immunité, en lui assurant tous les avantages, l'héritier français contre son cohéritier français, ce qui n'irait à rien moins qu'à la négation directe entre eux, et à l'occasion d'une succession française, du principe même de légalité des partages. La loi de 1819, loin de déroger à ce principe, n'en peut être considérée que comme une application nouvelle et extensive. »

On voit que même en cas d'insuccès en Allemagne, les héritiers lésés n'ont rien à craindre, et que la jurisprudence de la Cour de cassation assure le triomphe de leur instance.

Si d'autre part le tribunal français ne refuse pas

1. D. 68.1.302.

d'admettre l'instance des demandeurs, nous rentrons dans l'hypothèse du deuxième cas.

2ᵉ cas. — *Les héritiers lésés plaident en France.*

Supposons maintenant qu'au lieu de porter leur action devant un tribunal allemand, les héritiers lésés la portent devant un tribunal français.

Celui-ci la recevra-t-il ? N'estimera-t-il pas les héritiers lésés liés par la clause du contrat de compte-joint qui obligeait leur auteur et d'après laquelle, domicile ayant été élu en Allemagne, les actions devaient être intentées en Allemagne.

Ici une distinction : La question ne se pose que s'ils actionnent conjointement le co-titulaire survivant et la banque étrangère, car la clause visée est conclue dans le seul intérêt de cette dernière ; si leur action laisse la banque hors de cause, la question ne se pose pas. Cependant comme ils ne laisseront jamais hors de cause la banque qui, seule, peut fournir des renseignements intéressants, nous nous placerons dans la première hypothèse.

Le tribunal français va-t-il admettre la validité d'une action contre la banque allemande et le co-titulaire survivant ? En d'autres termes les héritiers du co-titulaire décédé sont-ils absolument liés par la clause qui liait leur auteur ?

Il est hors de doute que la clause d'élection de domicile à l'étranger est parfaitement licite et rentre valablement au nombre de ces conventions entre

particuliers qui « tiennent lieu de loi à ceux qui les
ont faites » (art. 1134), car l'article 14 du Code civil
en vertu duquel le demandeur français assigne valablement devant un tribunal français un défendeur
étranger domicilié à l'étranger n'est pas d'ordre public ; cette solution est consacrée depuis longtemps
par la jurisprudence.

Or, une convention valablement passée oblige les
héritiers, d'après l'article 1122 : « On est censé avoir
stipulé pour soi et pour ses héritiers ayants cause, à
moins que le contraire ne soit exprimé ou ne résulte
de la nature de la convention. »

Il semblerait que nous devions adopter ici purement et simplement la solution générale de M. Baudry-Lacantinerie, qui enseigne que « les héritiers succèdent aux droits et aux obligations résultant de
l'élection du domicile ». Cependant voyons si les
circonstances spéciales où nous nous trouvons peuvent modifier le sens général du Code et l'interprétation qu'en donne le savant professeur. Relisons
attentivement l'article 111 dont la fin est consacrée
aux effets de l'élection de domicile : « Les significa-
tions, demandes et poursuites pourront être faites au
domicile convenu et devant le juge de ce domicile. »

Le texte dit pourront, et non devront ; en résulte-
t-il pour les parties une simple faculté modifiable au
gré de l'une d'elles ? M. Baudry-Lacantinerie distingue selon que l'élection a été faite dans l'intérêt de

l'une ou des deux parties. Dans le premier cas la renonciation de la partie intéressée suffit; dans le second il faut le consentement des deux parties. Et cette distinction s'appuie sur un arrêt de la Cour de cassation du 14 juin 1875 (1). Or l'intérêt de la banque est en jeu peut-être exclusivement, en tous cas, autant pour le moins que celui des déposants. Le tribunal français va-t-il donc devoir se déclarer incompétent, si la banque, ainsi qu'elle ne manquera pas de le faire, refuse de déroger au contrat!

A bien relire l'arrêt précité, il résulte que cette incompétence est à soulever *in limine litis,* et non par le tribunal lui-même, mais par l'intéressé, c'est-à-dire la banque. Donc *a priori,* le tribunal ne devra pas se déclarer incompétent, sur le simple vu de la clause qui nous occupe ; il faut que la banque étrangère le prie de se déclarer incompétent. Il aura donc de ce fait un certain pouvoir d'appréciation, et c'est à ce moment que les héritiers lésés pourront utilement faire valoir l'intention délibérée de fraude qui a poussé les deux contractants et la banque — les trois parfaitement conscients du préjudice qu'ils lui causaient — à élire domicile à l'étranger. Cette considération ne laissera pas d'intéresser les juges, et, selon notre avis, les amènera certainement à se déclarer compétents, car, en toute cause où il y a élection de

1. D. 75.1.289.

domicile à l'étranger, il est naturel que le tribunal apprécie si les circonstances qu'a traversées le demandeur — celui-ci serait-il même l'un des co-titulaires — lui ont laissé toute la liberté de son choix, si son option pour la juridiction étrangère est bien volontaire, et si, dans sa pensée, elle est bien définitive.

Or, il est bien évident qu'ici cette volonté fait défaut, quand le demandeur est un héritier lésé. Son auteur a agi non seulement sans le consulter, mais encore en prenant toute une série de précautions pour que l'ouverture du compte-joint restât ignorée de lui ; il était donc placé dans une situation très inférieure à celle des successibles en faveur desquels le compte-joint a été institué. Il n'y avait donc aucun accord de volonté entre lui et son auteur, et nous croyons que pour cette raison le tribunal se déclarera compétent.

Le fisc se joindra à l'instance mais nous examinerons son rôle plus tard.

Les héritiers lésés vont donc intenter devant le tribunal français une action contre la banque allemande et contre le titulaire survivant du compte-joint.

Ils feront valoir que la banque n'a pas tenu compte de la lettre recommandée par laquelle justifiant de leur qualité d'héritiers ils lui faisaient défense de se libérer en vertu de l'article 1939 du Code civil français et lui montraient qu'une infraction de sa part constituerait un manquement aux règles de réserve que reconnaît le Code allemand lui-même.

De plus, ils pourront peut-être trouver, dans la correspondance ou les prospectus consacrés par la banque allemande à la propagande des comptes-joints, la preuve de la connaissance qu'avait celle-ci du caractère illicite de cette opération.

Quant au titulaire survivant, il sera inculpé de manœuvres frauduleuses, puisqu'il savait fort bien à quoi tendait l'ouverture du compte-joint ; et contre lui seront demandés non seulement le rapport des sommes perçues à l'effet de faire procéder par le tribunal à un partage conforme à la loi, mais encore des dommages-intérêts.

Examinons ce qui va se passer pour la banque : elle va certainement objecter la clause de l'élection de domicile et décliner la compétence du tribunal. Or, celle-ci sera prononcée. Deux partis se présentent alors pour la banque : plaider ou faire défaut. Si elle fait défaut, elle sera sûrement condamnée, car les héritiers lésés ne manqueront pas de faire ressortir sa politique d'excitation à la fraude, en se gardant bien de faire valoir la validité de ses actes d'après le droit allemand. Mais supposons qu'elle se décide à plaider. Voyons ses arguments : Elle fera valoir que le Code allemand est le seul qu'elle soit tenue d'observer quant aux règles auxquelles sont assujetties ses opérations : donc en matière d'opérations de banque basées sur le mandat ou la solidarité, c'est au Code allemand seul qu'elle aura à se conformer. Or celui-ci en matière de dépôt ne contient aucune prescription analogue à celle de l'article 1939 du Code français, ce qui sufût à rendre injustifiable la prétention des demandeurs français. Le Code allemand d'ailleurs lui accorde par l'article 428 la faculté de ne tenir aucun compte même des instances en justice de ceux-ci.

Ces arguments nous paraissent parfaitement valables ; mais les héritiers lésés vont alors demander à la banque des renseignements concernant l'ouverture du compte-joint, et le montant des sommes prélevées par le survivant. La banque les donnera, croyons-nous, étant donné le commentaire que nous avons donné des articles 810 du Code allemand. Si elle les refuse, le tribunal français mettra à profit la convention internationale, relative à la procédure civile de La Haye, ratifiée le 20 avril 1909, à laquelle la France et l'Allemagne sont parties. Or le titre II (art. 8 à 16) a trait à l'envoi de commissions rogatoires :

Art. 8. — En matière civile ou commerciale, l'autorité judiciaire d'un État contractant pourra, conformément aux dispositions de sa législation, s'adresser par commission rogatoire à l'autorité compétente d'un autre État contractant pour lui demander de faire, dans son ressort, soit un acte d'instruction, soit d'autres actes judiciaires.

Art. 11 *in fine.* — L'exécution de la commission rogatoire ne pourra être refusée (par l'autre État) que :

1° Si l'authenticité du document n'est pas établie ;

2° Si dans l'État requis l'exécution de la commission rogatoire ne rentre pas dans les attributions du pouvoir judiciaire ;

3° Si l'État, sur le territoire duquel l'exécution devrait avoir lieu, la juge de nature à porter atteinte à sa souveraineté ou à sa sécurité.

Il est certain qu'en droit pur, à raison du commentaire que nous avons consacré plus haut aux articles 810, 812 et 819 du Code allemand, le tribunal allemand devrait ordonner la communication. Mais n'oublions pas qu'ici le fisc français est intéressé ; tout dépend donc des prétentions de ce dernier.

Si au cours des débats, le fisc français émet des prétentions analogues à celle de M. Dumont (1) qui semble s'être fait l'interprète de ses secrets désirs, en disant qu'il faudrait « amener les banques étrangères à connaître les lois fiscales françaises et à les respecter » et qui voit même la possibilité de « faire condamner par défaut les banquiers étrangers qui au mépris de la loi du 31 mars 1903 ouvrent des comptes-joints occultes à des Français » — Si, disons-nous, le fisc

---

1. Rapport sur le projet de loi tendant à la répression des fraudes en matière de successions. *Doc. parl.*, Ch. annexe, séance du 18 nov. 1908, p. 91.

inculpe la banque allemande de mesures frauduleuses et de collusion avec le co-titulaire survivant, nul doute que le gouvernement allemand se trouvera dans le cas prévu par l'article 12, § 3 de la convention précitée où l'exécution de la commission rogatoire demandée par le gouvernement français, serait « de nature à porter atteinte à sa souveraineté ». En effet, ce serait reconnaître l'obligation pour les banques de se soumettre aux exigences du fisc étranger et d'accepter un autre Code que le Code allemand.

Or, comme le fisc fera certainement apparaître ces prétentions, ou comme, s'il les tait habilement, le gouvernement allemand peut craindre des représailles pour la banque allemande qui ne se fera pas défaut de les lui exposer, il nous semble qu'il est possible qu'il refuse l'exécution de la commission rogatoire.

M. Dumont, dans son rapport précité, prévoit ce refus et envisage la possibilité d'un recours du gouvernement français auprès de la Cour internationale de La Haye.

« Supposons que la *Cour de La Haye*, saisie de la question par la France et la Suisse, par exemple, soit appelée à décider si un État a le droit, grâce à des dispositions de droit civil, d'assurer, même à l'étranger, le respect par ses nationaux de toute sa législation successorale, civile aussi bien que fiscale. La question se poserait, si la Suisse soutenait, par exemple, qu'elle a le droit de refuser d'appliquer notre loi, sous prétexte que celle-ci est contraire à l'ordre public, ou parce que, en raison de sa nature même de loi de procédure, dirait-on, elle est sans portée en dehors des limites de notre territoire.

« Le litige sera alors porté à La Haye. Là, les juges sont à l'abri de suggestions de l'intérêt local et des cupidités économiques. Ils jugeront selon les principes incontestés du droit international privé, tels qu'ils ont été constatés et écrits, par exemple, dans le projet de convention que la Conférence de La Haye avait préparée en vue de régler les conflits de loi relatifs aux successions.

« Or, que lit-on dans ce projet rédigé par les plus éminents jurisconsultes du monde.

« Article premier — Les successions sont soumises à la loi nationale du défunt, quels que soient la nature des biens et le lieu où ils se trouvent.

« Art. 3. — La capacité de disposer par testament ou par donation à cause de mort, est régie par la loi nationale du défunt.

« Art. 5. — La capacité des successibles, des légataires et donataires, est régie par leur loi nationale.

« Art. 7. — Nonobstant les articles qui précèdent, la loi nationale ne serait pas appliquée lorsqu'elle serait de nature à porter atteinte dans le pays où l'application devrait en avoir lieu, soit aux lois impératives, soit aux lois prohibitives, consacrant ou garantissant

un droit ou un intérêt social, déclaré, par une disposition expresse, applicable aux successions, aux donations à cause de mort et aux testaments des étrangers.

« Les États contractants s'engagent à se communiquer les lois prohibitives ou impératives, au sujet
desquelles ils auraient fait usage de cette faculté. »

Cependant, il est bon de remarquer que cet ensemble de règles ne constitue qu'un projet, « un Code
d'avenir des successions en droit international privé »
ainsi que le reconnaît l'auteur du rapport.

La jurisprudence de La Haye est encore trop rare,
et n'a jamais eu l'occasion de s'appliquer à de petits
faits ; il faudra une évolution profonde de l'arbitrage
pour que de grands États, qui jusqu'ici n'y ont re-
couru qu'à l'occasion de *casus belli*, lui soumettent des
différends d'aussi peu d'importance.

Nous supposons donc que le tribunal allemand a
refusé d'agir auprès de la banque. Le tribunal français va réclamer au co-titulaire survivant la communication de tous documents relatifs au compte-joint ;
celui-ci ne poura la refuser ; d'ailleurs le tribunal dispose contre lui de tous moyens de contrainte ; les
documents produits pourront être falsifiés et n'auront certes pas la valeur probante qui s'attacherait
aux renseignements émanés des livres de la banque ; mais on sera bien obligé de les admettre après
discussion.

La banque allemande sera condamnée pour refus

de communication à des dommages-intérêts envers les héritiers et le Trésor, et de plus solidairement avec le co-titulaire survivant à rembourser aux héritiers lésés ce qui leur est dû, et au Trésor le montant des droits de mutation.

Car est-il besoin de dire que le co-titulaire survivant sera condamné pour collusion frauduleuse à l'égard du fisc et des héritiers lésés ?

Or, envers ces derniers, à quoi sera-t-il condamné ? Il devra rapporter les fonds perçus devant le tribunal qui procédera à un partage selon les règles du Code civil.

Ici se pose l'une des questions les plus délicates de notre développement. Le tribunal va-t-il partager par tranches égales entre le co-titulaire survivant et les héritiers lésés, c'est-à-dire annuler purement et simplement l'intégralité de l'avantage que le co-titulaire décédé a voulu assurer au survivant par le procédé du compte-joint ou va-t-il voir dans la constitution de ce compte-joint une libéralité déguisée, simplement sujette à réduction ?

La jurisprudence admet parfaitement la validité des donations déguisées lorsqu'elles ont lieu entre personnes capables et lorsqu'elles sont revêtues des formes exigées pour le contrat sous lequel elles sont dissimulées. Cependant le Code (art. 1099) prohibe les donations déguisées entre époux. Or, nous avon supposé que le co-titulaire ayant prélevé est le con-

joint survivant. En ce cas donc pas de doute; la libéralité est annulée pour le tout. De nombreux arrêts
sanctionnent cette solution : Req., 11 mars 1862 (D.
62.1.277) Rouen, 23 décembre 1871, Req., 17 février
1874 (D. 74.1.344) Cass., 23 mai 1882 (D. 83.1.407).

Mais supposons qu'au lieu du conjoint survivant
le co-titulaire survivant soit l'enfant majeur né du
deuxième lit. Ici l'article 1099 cesse de s'appliquer
et nous rentrons dans le cas général de validité des
donations déguisées. Remarquons d'ailleurs que la
donation, si donation il y a, ne peut s'appliquer qu'à
la moitié du montant prélevé, en conséquence de la
présomption de la loi de 1903 qui répute les co-déposants propriétaires par parts viriles. La preuve contraire, que le co-titulaire survivant se gardera bien
de faire puisque le plus souvent la totalité des fonds
constituait l'apport du seul défunt, pourra être faite
par les requérants, puisqu'ici il s'agit de libéralités
portant atteinte à leur réserve et qu'en ce cas un arrêt de la Cour de Paris du 6 juin 1907 consacre leur
droit de rechercher les libéralités déguisées en s'ap-
puyant « non seulement sur des faits constatés par
des pièces écrites, mais aussi sur de simples faits per-
tinents et vraisemblables et non contredits par la
cause. De plus, pour admettre la recherche de ces
faits par voie d'expertise, il n'est même pas nécessaire que les faits indiqués par les intéressés comme
susceptibles de renfermer des libéralités déguisées

soient préalablement rendus vraisemblables par des présomptions graves, précises et concordantes (1) ».

La question est maintenant de se demander si le compte-joint constitue une donation déguisée. Pour qu'il y ait donation, il faut que le donateur se dessaisisse immédiatement et irrévocablement. Or, il ne s'est pas dessaisi puisque le compte-joint lui conférait le pouvoir par un simple tirage de rentrer en possession de ses fonds.

Aussi préférons-nous voir une libéralité déguisée non pas dans l'ouverture même du compte-joint mais dans le fait par le décédé de mourir sans avoir disposé. Il résulte de ses intentions lors de l'ouverture du compte-joint que par un accord tacite entre lui et son co-titulaire, il poursuivait trois buts :

1° Rester seul maître de sa fortune, le co-titulaire s'engageant tacitement de son vivant à ne pas faire usage du droit de co-gérance ;

2° Gérer comme il l'entend son dépôt, le modifier au mieux des circonstances par l'achat de nouvelles valeurs, par des spéculations, etc. ;

3° Faire donation au moment de sa mort du solde créditeur au co-titulaire qui lui survivra.

Nous maintenons donc que c'est à l'instant précis de la mort que la donation projetée depuis des années

1. *Répertoire général pratique du notariat et de l'enregistrement*, 15 mai 1908 art. 15711.

prend son exécution, par la renonciation du mourant à son droit de disposer.

Telle est la solution que nous adoptons, et nous concluons que le compte-joint constitue — sauf envers un conjoint, — une libéralité déguisée non annulable mais réductible dans les limites de la quotité disponible.

Cependant le plaidoyer que nous venons de faire sera à présenter par le co-titulaire survivant ; car il résulte des articles 893, 931, 1315 du Code que la donation déguisée ne se présume pas, et que c'est à celui qui se portera bénéficiaire d'en faire la preuve.

Le co-titulaire survivant sera condamné envers les héritiers lésés :

1° A leur restituer leur dû ;

2° A leur payer des dommages-intérêts.

De plus, s'il a été fait inventaire au moment du décès, l'héritier qui a bénéficié d'une libéralité déguisée est tenu de la déclarer. Or c'est ce que n'a pas fait le co-titulaire. Un arrêt de la Cour de cassation du 19 octobre 1903 lui fait encourir en ce cas les peines du recélé.

Envers le fisc il sera condamné au paiement des droits et amendes.

Rappelons que nous avons prévu le cas où la banque allemande est condamnée solidairement avec le cotitulaire survivant.

Si le co-titulaire survivant n'a pas gaspillé les fonds,

l'exécution du jugement est simple, mais s'il a tout gaspillé, alors il faut exécuter contre la banque allemande condamnée solidairement avec lui.

Le fisc français va-t-il s'adresser à la justice allemande pour l'exequatur ? Non, car elle lui serait refusée.

Si la banque allemande avait une succursale en France, la question serait fort simple ; on exécuterait sur elle ; c'est d'ailleurs un principe constant de notre jurisprudence de considérer une société étrangère comme domiciliée en France par le fait qu'il y a une succursale.

Or les banques allemandes n'ont en France aucune succursale.

Eh bien, le moyen d'exécution qui sans aucun doute sera adopté en ce cas, ce sera celui qu'indique M. Dumont en son rapport précité : « Une saisie-exécution sur les fonds que le banquier étranger conserve chez ses correspondants en France. »

Pour que cette saisie ait lieu, encore faut-il que le fisc français et les héritiers lésés arrivent à savoir dans quels établissements français la banque allemande a des dépôts, et quel est le montant du crédit de son compte courant. Or nous avons vu les pouvoirs d'investigation souverains du fisc qui peut se faire présenter — sans justifier d'aucune raison — tous les documents d'une banque. L'existence du dépôt sera donc simple à établir et l'exécution suivra sans difficulté d'autant plus qu'à moins d'encourir une ruine immédiate, la banque allemande ne pourra, même pour se soustraire à pareilles représailles, retirer des banques de Paris, les fonds qu'elle y a déposés et qui sont indispensables à la pratique quotidienne de ses affaires.

*
* *

Résumons ce chapitre :

S'il y a des héritiers lésés, mieux vaut pour eux porter leur action devant le tribunal allemand, car celui-ci, bien qu'il déclare mal fondée toute plainte contre la banque, exigera vraisemblablement de cette dernière la production des renseignements qui peuvent permettre d'évaluer le préjudice que leur a causé la liquidation du compte-joint, et procédera à un partage selon les règles du droit français.

S'ils intentent leur action devant le tribunal français, il est à craindre que la banque fasse défaut et que le gouvernement allemand oppose une fin de non recevoir à la demande de commission rogatoire que lui adressera le tribunal français. Impossible donc d'évaluer exactement le montant des prélèvements du cotitulaire survivant.

Le fisc naturellement profitera de tous les renseignements qui apparaîtront au cours du procès soit en Allemagne, soit en France, pour rentrer dans le montant des droits qui lui sont dus.

Mais dans la presque totalité des cas, il n'y aura pas d'héritiers lésés ; et alors il sera impossible au fisc d'arriver à connaître l'existence du compte-joint par des moyens avouables dont il puisse se servir devant les tribunaux français.

Nous concluons donc une fois de plus que les conjoints — n'ayant pas d'enfants d'un premier lit — peuvent en toute sécurité se faire ouvrir un compte-joint en Allemagne.

CHAPITRE XIII

Étendue de l'évasion fiscale.

« Plusieurs milliards français ont déjà passé la frontière », s'écriait M. Jules Siegfried à la tribune de la Chambre, au cours d'un discours consacré à l'évasion fiscale.

Nous allons examiner l'existence de la fraude et le préjudice qu'elle fait subir au Trésor.

Un document extrêmement intéressant nous révèle le penchant de plus en plus accentué que les capitalistes français éprouvent pour la fraude. C'est le remarquable rapport présenté en 1906 par Mes Leclerc et de Ridder à la Chambre des Notaires de Paris : il fait ressortir à merveille l'existence d'un très actif mouvement de fraude.

« Il y a là un mouvement qui ne date pas d'hier, mais qui, cependant, était resté dans des limites assez raisonnables. Il a pris tout récemment un développement considérable à l'annonce des nouveaux droits de succession.

« Nous en sommes tous les témoins impuissants.
Qui de nous n'a vu arriver dans son cabinet ses clients,
les plus importants, bien entendu, venant nous
demander s'il ne convenait pas d'envoyer une partie
de leur fortune à l'étranger, et comment il fallait s'y
prendre. Nous avons fait tout notre possible pour
les dissuader d'un pareil dessein ; nous leur avons
montré les dangers auxquels ils s'exposaient, les
risques qu'ils couraient, pour ne pas avoir à payer
de droits en France, d'en payer d'autres à l'étranger, et même quelquefois de payer deux fois, à l'étranger et ici, sans compter les ennuis et les difficultés
d'avoir à surveiller de loin la gestion de leur fortune.
Si quelques-uns nous écoutaient, la plupart n'en faisaient rien, et nous quittaient bien résolus à ne pas
suivre des conseils qu'ils pouvaient croire intéressés.
D'ailleurs, si nous cherchions à les retenir, d'autres
étaient là pour les pousser. Les banques étrangères
n'ont pas manqué de profiter de ces tendances de
nos concitoyens. Elles ont fait tout leur possible
pour attirer chez elles leurs capitaux. Nous sommes
inondés de prospectus en effet où l'on offre à nos
clients de leur ouvrir des comptes en ayant soin de
leur indiquer qu'ils seront à l'abri de tout droit de
succession daus le pays dépositaire. On fait miroi-
ter à leurs yeux les avantages particuliers sous le
rapport des droits de succession, des comptes-joints.
On leur promet le secret le plus absolu et de gran-

des facilités pour le retrait et l'envoi de leurs fonds et valeurs » (1).

La fraude existe donc, et à un degré intense. La menace de l'impôt sur le revenu, la crainte du péril socialiste ne peuvent qu'accroître le désir des capitalistes de trouver un abri pour leurs fonds. Laissons de côté pour un instant la question de savoir si les fonds émigrés à l'étranger vont être mis en compte-joint ou en compte simple ; puisque, nous l'avons dit, l'essentiel est que les capitaux se décident à passer les frontières. Une fois sortis de France, ils se plieront à toutes les combinaisons financières qui leur présenteront le plus d'avantages, et adopteront le compte-joint.

Le lendemain du vote de la Chambre des députés adoptant le projet d'impôt sur le revenu (8 mars 1909), on a constaté à Bruxelles un afflux d'ordres émanant de capitalistes français et portant surtout sur les valeurs charbonnières.

« Un agent de change nous a cité un capitaliste français qui a passé un ordre d'achat pour un million de francs de titres d'un seul charbonnage. Ce capitaliste est socialiste ; il a préconisé, aidé à faire l'impôt sur le revenu. Cela ne l'empêche pas de faire fructifier son argent à l'étranger. Lui est socialiste,

1. Cité par le *Répertoire Général pratique de notariat.*

son argent ne l'est pas. La loi n'est-elle pas toujours pour les autres (1) ? »

Or, la recrudescence des ordres français sur le marché belge, la hausse des cours qui en résultait étonnaient d'autant plus à cette époque, qu'elles coïncidaient avec une crise aiguë sur les combustibles (que les entrepositaires étaient obligés de vendre à perte), que dans toutes les assemblées générales de cette époque il n'était fait que des déclarations pessimistes et des réductions de dividendes, et qu'on discutait à la Chambre des Représentants la loi de limitation de la journée de travail.

Nous trouvons dans le rapport précité soumis à la Chambre des Notaires une confirmation de cet exode des capitaux français, et surtout une analyse très intéressante de la propagande à laquelle se livraient des établissements étrangers.

« C'est en Belgique et en Suisse surtout que les plus grands efforts ont été faits en ce sens, ce qui s'explique tout naturellement par le voisinage et la facilité des communications. Dans ces derniers mois, la propagande a pris le développement bien entendu. Ce n'est pas seulement à Paris que cela se produit. Un notaire de Lyon envoyait récemment à votre rapporteur un prospectus d'une grande banque suisse,

1. *Vie financière*, du 5 avril 1909.

prospectus qu'il considérait comme très suggestif et comme réponse directe aux projets d'impôts, en ajoutant que la Suisse faisait de la région lyonnaise une propagande considérable pour attirer les fonds de nos capitalistes, et que déjà d'énormes capitaux y étaient accumulés en vue d'éviter les droits français, le tout au grand détriment des affaires commerciales et industrielles.

« L'Angleterre essaie aussi de joindre ses efforts à ceux des pays voisins, mais elle a moins de succès à raison de ses propres lois successorales très sévères sur les dépôts dans les banques, et c'est même là un exemple qui montre combien les lois fiscales peuvent entraver le développement des affaires.

« Mais la Hollande à la législation plus libérale, est entrée, elle aussi, dans le mouvement, et ses banquiers se sont mis à rechercher les capitaux français.

« Que tous ces efforts ne soient couronnées de succès et ne réussissent à provoquer une sortie considérable de fonds et de valeurs il serait puéril de le nier. Les preuves en sont nombreuses et palpables. La baisse importante qui s'est produite sur les valeurs de premier ordre, comme les obligations des grandes compagnies de chemins de fer et la rente sur l'Etat, mise en regard de la hausse des rentes belges et suisses et de nombreux titres suisses, montre bien que beaucoup de personnes ont non seulement envoyé à l'étranger une partie de leurs valeurs mais ont de plus vendu leurs valeurs françaises pour acheter des valeurs étrangères. »

On ne peut cependant constater aucun fléchissement dans les dépôts de fonds chez nos grandes sociétés de crédit ; au contraire, leur augmentation a été constante :

(en millions de francs).

	1900	1905	1906
Crédit Lyonnais	545,6	737	740
Comptoir d'Escompte. . .	365	575,7	590
Société Générale	347,4	417,1	449,8

Mais cette augmentation ne peut rien prouver contre les faits indéniables accusés par le rapport précité. « La seule conclusion qu'on puisse tirer est que nos grandes sociétés ont su défendre leurs dépôts, ce qui, *a contrario*, ferait croire que les évadés appartenaient principalement à cette catégorie de capitalistes qui conservent leurs valeurs soit chez eux, soit dans les coffres-forts loués dans les établissements de crédit (1). »

Ces évasions se trouvent confirmées par les moins-values accusées par les chiffres officiels de perception des droits de succession.

Tandis qu'en 1900 les successions déclarées se

1. Guilmard, *op. cit.*, p. 87,

montaient à un ensemble de 6.736.928.284 francs, ces chiffres tombaient à 5.258.928.538 francs en 1901 et à 4.939.691.583 francs en 1902 (1). M. Caillaux, au cours d'une interview reproduite par *le Matin* (juillet 1909), constatait que les droits de succession rapportent à peine 250 millions par an. Voyons si ce chiffre correspond à celui qu'étant donné le coefficient de mutation adopté par les économistes, on serait en droit de déduire mathématiquement, une fois fixé le montant total de la fortune mobilière en France.

M. Charles Dumont, dans son discours du 12 juillet 1906 à la Chambre, évalue cette dernière à 100 milliards, en se basant sur les travaux de MM. Neymarck, Fernand Faure et de Foville. M. de Foville, notamment, s'est appliqué à rechercher le coefficient numérique, le multiplicateur qu'il faut appliquer à l'annuité dévolutive pour reconstituer le bloc dont elle n'est qu'un fragment. On entend par annuité dévolutive le montant des sommes échéant chaque année par succession aux ayants droit. Les travaux de M. de Foville permettent de fixer le multiplicateur en question entre 30 et 32 (Voir l'article de M. de Foville intitulé : *La richesse de la France*, de *l'Opinion* du 23 janvier 1909).

En divisant le montant total de la fortune mobi-

---

1. Compain, dans Clunet, 1909.

lière estimée à 100 milliards par 32, il résulte que
l'annuité dévolutive est, en matière de valeurs mobilières, de 3 milliards environ ; c'est donc sur ce montant que devraient normalement se calculer les droits
de mutation par décès. Or, les études faites par
l'Administration de l'enregistrement permettent d'é-
tablir que, la portion des meubles meublants mise de
côté, c'est à peine 2 milliards de valeurs qu'atteint
l'impôt sur les successions s'appliquant aux valeurs
mobilières (1).

Par conséquent, les droits de succession étant
évalués à 250 millions et les droits de donation à
25 millions dans le budget de 1906, c'est environ
50 millions d'impôts chaque année qui échappent, les
titres dissimulés représentant un peu plus du 1/6 de
l'annuité successorale.

M. Dumont a d'ailleurs été amené à modifier ses
chiffres avec les années ; c'est ainsi que dans la séance
du 22 juin 1908 il déclarait qu'il y a 60 millions de
fraude par an en ce qui concerne les successions.

Dans son rapport du 4 novembre 1907 (2), il éva-
luait la perte subie par le Trésor non plus au 1/6,
mais au 1/4, soit à 62 millions.

M. Fernand Faure combat ces calculs, en fixant

---

1. Dumont, rapport cité sur la répression des fraudes en matière
de droits de succession.

2. *Off.*, 1908, *Doc. Parl.*, p. 41.

à 600 millions, et non plus à un milliard, comme le prétend M. Dumont, le montant des valeurs mobilières
qui, chaque année, se soustraient au paiement des
droits de succession (1).

Cependant, comme il est très difficile de trouver des
arguments sérieux pour réfuter des chiffres pareils,
nous en resterons aux 62 millions de francs de
M. Dumont ; cette somme est celle dont la hantise a
poussé nos législateurs vers les projets de loi de
répression que nous allons étudier au chapitre suivant.

1. *Opinion,* 1er août 1908.

CHAPITRE XIV

Projets de loi relatifs à.la répression
de la fraude successorale.

Le développement de la fraude est surtout dû, nous l'avons vu, à l'augmentation des charges sur les valeurs mobilières et à l'élévation des droits de succession.

Or, c'est précisément sur les valeurs mobilières et sur les successions que nos législateurs s'occupent actuellement de créer des impôts nouveaux, donnant ainsi une recrudescence au mouvement d'évasion fiscale qu'ils se préoccupent d'enrayer.

Nous examinerons donc d'abord les nouveaux impôts en projet, puis nous passerons à l'étude des projets de loi relatifs à la répression de la fraude.

PREMIERE PARTIE

IMPÒTS NOUVEAUX SUR LES VALEURS MOBILIÈRES ET SUR LES SUCCESSIONS

1° *Nouveau régime des valeurs mobilières.*

Le projet d'impôt sur le revenu crée pour les valeurs mobilières et surtout pour les valeurs au porteur, une augmentation sensible de charges.

La rente continuera-t-elle à jouir de la franchise qui lui est actuellement accordée? Cette incertitude pèse sur les cours, au moment des discussions parlementaires et inquiète nombre de porteurs.

Quant aux fonds d'États étrangers, ils seront astreints à l'impôt sur le revenu auxquels ils échappaient jusqu'ici.

La grande innovation pour les valeurs françaises — qu'elles soient nominatives ou au porteur — est l'augmentation des taxes de timbre et de transmission. Le timbre qui, à l'heure actuelle, se paie par abonnement à raison de 0 fr. 06 % du capital serait transformé en une taxe annuelle de 2 % sur le revenu. On voit sans peine l'aggravation considérable entraînée par cette réforme, quand il s'agit d'une valeur dont le cours coté dépasse le pair.

Soit une valeur émise à 500 francs, cotée actuellement 1.700 francs et donnant 65 francs de dividende.

Actuellement, elle paie 0 fr. 30 de droit de timbre. Si l'impôt sur le revenu passe, les 2 % sur le revenu donneront 1 fr. 30.

Quant à la taxe de transmission, elle resterait fixée à 0,75 % pour les valeurs mobilières, mais calculées non plus sur la valeur nominale, mais sur le cours moyen, ce qui entraîne également des charges plus lourdes, au cas où le cours coté dépasse le pair.

Quant aux titres au porteur, le droit de transmission (à acquitter au moment du paiement du dividende) qui est actuellement de 0 fr. 25 % du cours moyen de l'année précédente, serait remplacé par un droit de 6 % sur le montant du dividende.

A toutes ces taxes se superposerait celle de l'impôt complémentaire.

2° *Taxation des dépôts en banque.*

L'article 21 du projet d'impôt sur le revenu soumet les dépôts en banque à l'impôt.

3° *Augmentation des droits de succession.*

Mais c'est surtout l'augmentation des droits de succession que poursuivent nos législateurs. La commission du budget de 1909 (1) espérait, grâce aux ma-

1. Rapport, p. 706 *J. Off.*, *Doc. parl.*, Ch. dép., 1908.

jorations proposées, procurer au Trésor un accroissement de recettes de 72 millions. Son projet entraînait une augmentation générale du tarif de 1901.

Pour les successions en ligne directe, le tarif maximum est porté de 5 à 6 %.

Pour les successions entre époux le tarif maximum est porté de 9 à 12,25 %.

De plus, il est introduit une majoration dépendant du nombre de degrés qui séparent le successible du *de cujus*. C'est-à-dire que le petit-fils succédant directement au grand-père paiera plus que n'aurait payé son père sur la même succession.

Tel était le projet de la commission, déjà très inquiétant. Mais M. Caillaux eut vers juin 1909 une idée encore plus ingénieuse.

Il s'est avisé que les Anglais ont deux impôts successoraux: l'un qui frappe les successions d'après la relation de proximité de l'héritier avec le défunt, l'autre qui grève les successions d'après l'importance de la masse successorale.

Feignant de considérer les impôts actuels français comme correspondant uniquement au premier des impôts anglais, il proposa d'introduire chez nous, en plus des droits fixés par la loi de 1901, un « droit de statistique » correspondant au second des impôts anglais, et qui rapporterait 60 millions, le « droit de statistique » était de 0,05 % jusqu'à 10.000 francs et atteignait 2 %. à partir de 50 millions. Or, chacun sait que le tarif de 1901 tient compte à la fois de la masse successorale et de la relation de parenté qui unit les héritiers à leur auteur. La proposition ministérielle conduisait donc à une double taxation habilement déguisée.

Aussi, après le départ de M. Caillaux, M. Cochery se garda-t-il bien de maintenir la proposition de son prédécesseur dans le nouveau projet de budget pour l'exercice 1910.

Ses réformes aux droits de succession, qui doivent lui donner 63 ou 64 millions, sont les suivantes :

1° Augmentation du taux de perception sur les grosses successions. C'est ainsi que le tarif de 1901 avait fixé à 5 % le taux maximum à appliquer à des successions échéant à des héritiers en ligne directe au delà de 50 millions ; ce taux maximum de 5 % serait porté à 9 %.

Entre époux, le taux maximum de 9 % devient 18 %. De plus, les successibles au delà du quatrième degré seraient assimilés à des non parents et soumis, comme ces derniers, au tarif maximum, lequel pour les successions de plus de 50 millions serait porté de 20,50 % (chiffre actuel) à 29 %.

2° Perception d'un tarif double quand la succession en ligne directe échoit au petit-fils du *de cujus*, par suite du prédécès de son fils.

3° Surtaxe de 25 % quand la succession échoit à un enfant unique, de 10 % quand elle échoit à deux enfants, et ce afin de relever le taux de la natalité.

4° Frapper du tarif le plus élevé les sommes reçues en vertu de la quotité disponible.

Rappelons d'ailleurs qu'une proposition signée de 48 députés, parmi lesquels MM. Allemane, Jaurès, Guesde, Pressensé, Sembat, avait été déposée en 1908 (1) en vue de supprimer purement et simplement la vocation héréditaire des collatéraux. Ces députés comptaient sur l'imprévoyance de ceux qui décèdent *intestat,* pour empêcher les collatéraux éventuels de faire valoir leurs droits sur une succession qui reviendrait ainsi à l'État. Mais M. Cochery reconnaissant que « la suppression complète de leur vocation héréditaire n'apporterait pas au Trésor un supplément de recettes très important et créerait à l'État de nombreuses difficultés pour la liquidation des successions tombées en déshérence », a préféré remplacer cette proposition par l'application du tarif maximum aux collatéraux appelés à la succession, à partir du cinquième degré.

C'est donc la guerre à outrance contre les valeurs mobilières et les successions. Nul doute donc que les capitalistes ne cherchent à échapper de leur vivant à des droits aussi énormes, et à éviter à leurs héritiers le paiement de pareils droits de mutation.

C'est une recrudescence de la fraude à bref délai

---

1. *Off.*, 1903. Ch. dép. annexes, n° 1973, p. 800 (séance 10 juillet).

qu'il faut entrevoir. Le fisc doit donc chercher de nouvelles armes ; voyons quels sont ses projets.

DEUXIEME PARTIE

PROJETS DE LOI DONNANT AU FISC DE NOUVELLES ARMES
POUR LA RÉPRESSION DE LA FRAUDE

On peut classer ces projets en deux catégories :
ceux qui organisent une stricte surveillance sur les
mouvements des valeurs mobilières et ceux qui mo-
difient le régime actuel de dévolution des successions.

A. — *Projets de loi organisant une stricte surveillance*
sur les mouvements des valeurs mobilières.

Nous avons vu, en étudiant la taxation nouvelle
résultant du projet d'impôt sur le revenu, combien
les titres au porteur sont traités moins favorablement
que les titres nominatifs. Ceci provient du désir maintes fois exprimé d'arriver à la suppression absolue,
c'est-à-dire la *nominalisation du titre au porteur* qui,
à raison de sa mobilité, échappe à tout contrôle de
l'enregistrement. C'est là « la question mise à l'ordre
du jour de la démocratie française », disait M. Charles
Dumont à la Chambre (1), qui n'hésite pas à voir dans

1. Séance 12 juillet 1906. *Officiel*, p. 2295.

le titre au porteur l'élément d'un « cosmopolitisme
capitaliste de luxe et de plaisir contre lequel se dresse
l'internationalisme de la souffrance et du labeur rivés
à la glèbe et à l'usine », situation qui durera « tant
que les valeurs mobilières de par le concert fraudu-
leux des capitalistes de tous les pays répondront à
tous les désirs de la fraude internationale et pourront
être négociées et converties en possibilité de jouis-
sance partout, sans être connues nulle part ».

M. Dumont reprenait d'ailleurs ses conclusions
sur la nécessité de la nominalisation absolue dans son
rapport sur la répression des fraudes en matière de
succession (séance du 4 novembre 1907) (1).

Cependant cette nominalisation absolue tant désirée ne semble pas être, même pour ses partisans les
plus résolus, une réforme mûre, et elle ne fait encore l'objet d'aucune proposition de loi, tant on
hésite à la pensée des protestations qu'elle soulè-
verait.

Mais elle reste le but avoué du parti avancé, et
cette tendance se manifeste par le vote de lois comme
celle de 1908 qui exonère de tout droit la transformation du titre au porteur en titre nominatif.

Il y a là une tendance très inquiétante ; on devine
en effet quel précieux concours apporterait cette
réforme à la répression des fraudes.

1. *Doc. parl.*, Ch. annexe, n° 1288.

Cependant, en attendant, le projet d'impôt sur le revenu contient des dispositions très intéressantes destinées à réprimer la fraude internationale.

Le gouvernement présume que les Français désireux de frauder s'adresseront à une société de crédit française ayant son siège dans leur ville, lui porteront leurs titres et fonds qu'elle transmettra soit à une de ses succursales hors de France, soit à un établissement étranger. Or, il importe au fisc d'arriver à connaître l'existence d'un compte simple ou joint du vivant même de son titulaire. Par les articles 86 et 87 il espère arriver à de précieux renseignements dont il se servira lors de l'ouverture de la succession.

Art. 86. — « Les sociétés de crédit françaises qui possèdent des établissements à l'étranger, et les sociétés étrangères établies en France devront tenir, au siège principal de la société en France, des *répertoires* où seront mentionnés, dans le premier mois de chaque semestre, pour le semestre échu, soit les dépôts de titres ou dépôts de sommes à vue effectués au nom des personnes domiciliées en France, soit les comptes courants de chèques ou comptes courants de toute nature ouverts au nom des personnes domiciliées en France, dans leurs établissements à l'étranger. Ces répertoires devront indiquer le nom et le domicile des titulaires des dépôts ou comptes et la nature des dépôts ou comptes.

« Les préposés de l'enregistrement sont autorisés à prendre connaissance de ces répertoires, et, sur leur réquisition, les sociétés seront tenues de leur fournir, dans un délai d'un mois, une copie certifiée conforme desdits comptes et dépôts ou comptes courants.

« Tout refus de communication des répertoires et des copies de comptes sera constaté par procès-verbal et puni d'une amende de 100 francs par jour de retard à dater du procès-verbal. Toute omission d'inscription aux répertoires dûment établie sera punie d'une amende de 500 à 10.000 francs. »

Art. 87. — « Tous banquiers et sociétés de crédit français ainsi que tous banquiers et sociétés de crédit étrangers établis en France devront tenir, dans chacun de leurs établissements, un *répertoire* sur lequel ils enregistreront, jour par jour, tous envois soit de fonds, soit de titres ou coupons de valeurs mobilières adressés à l'étranger par des personnes résidant en France pour y être déposés ou encaissés chez un banquier ou dans un établissement de crédit. Le répertoire indiquera le nom et le domicile du propriétaire des fonds ou valeurs, le montant des fonds, la désignation du banquier et de l'établissement dépositaire.

« Les préposés de l'enregistrement sont autorisés à prendre connaissance de ce répertoire.

« Tout refus de communication du répertoire sera

constaté par procès-verbal et puni d'une amende de 100 francs par jour de retard à dater du procès-verbal. Toute omission d'inscription au répertoire ou toute inexactitude dûment établie, sera punie d'une amende de 500 à 10.000 francs. »

Par la tenue de ces répertoires, et grâce au droit de communication réservé aux agents de l'administration non plus seulement comme actuellement dans les sociétés de crédit, mais aussi chez les banquiers privés, le fisc arrivera à connaître l'existence des comptes courants que se font ouvrir à l'étranger les Français, et pourra, lorsque la succession s'ouvrira, prendre les mesures nécessaires.

Mais l'on peut imaginer que les fraudeurs dans leur choix d'établissements situés à l'étranger éviteront de s'adresser aux succursales d'établissements français et auront recours directement à des établissements étrangers auxquels ils donneront eux-mêmes leurs ordres, effectueront directement leurs remises, sans passer par l'intermédiaire de sociétés de crédit françaises. Comment alors le fisc arrivera-t-il à connaître l'existence de ces dépôts, pour lesquels les articles 86 et 87 déjà étudiés ne pourront lui être d'aucun secours ?

Le fisc se garde bien d'avouer les moyens auxquels il aura recours; mais d'ores et déjà, il est permis de supposer qu'il n'hésitera pas à entretenir des indicateurs à l'étranger et à violer le secret de la correspondance.

« Un moyen malhonnête, dont l'administration usera (on dit qu'elle en use déjà) ce sera d'entretenir dans les banques étrangères des « indicateurs » ; elle se procurera ainsi les noms des déposants français à surveiller et des copies de leur compte (1). »

Quant à la violation de la correspondance, M. Reinach adressa à ce sujet une question à M. le ministre des Finances (2) qui se défendit ardemment d'employer des procédés pareils. On peut lui opposer la déclaration de M. de Candolle (*Mémorial du Grand Conseil* 1902, p. 2443) ainsi conçue :

« Des bruits ont couru, — et mes renseignements personnels tendent à les confirmer, — suivant lesquels le secret des correspondances étrangères entre des capitalistes étrangers et des banquiers à Genève n'était pas toujours respecté. »

Cependant ces deux moyens sont loin d'être infaillibles. En ce qui concerne les indicateurs, ce sera aux banquiers étrangers à prendre leurs précautions dans le choix de leur personnel, et en ce qui concerne la violation du secret de la correspondance, les banques étrangères pourront s'arranger, grâce à

1. Lescœur, *L'Information,* 16 décembre 1908.

2. *Off.,* séance 2 juin 1908, p. 1127.

un service de « pèlerins » (1), de manière à faire toucher directement à leurs déposants le montant de leurs coupons.

Le fisc se rend bien compte que ces moyens ne sont pas excellents. Aussi saisit-il le prétexte de l'impôt complémentaire, pour créer à ceux qui ont perçu des dividendes à l'étranger l'obligation d'en faire la déclaration. C'est l'article 27 du projet d'impôt sur le revenu, dont voici le texte :

Art. 27. — « Le propriétaire ou usufruitier de titres ou *valeurs mobilières étrangères*, domicilié en France qui, pour quelque cause que ce soit, aura reçu ou encaissé à l'étranger, soit directement, soit par un intermédiaire quelconque, les dividendes, intérêts, arrérages ou tous autres produits de ces valeurs, devra, dans les trois premiers mois de l'année, souscrire au bureau de l'enregistrement la déclaration du montant total de ces dividendes, intérêts, arrérages ou produits encaissés au cours de l'année précédente et acquitter la taxe sur ce total. Cette déclaration sera faite, si le contribuable est assujetti à l'impôt complémentaire, sur la formule même prévue pour ce dernier impôt à l'article 68.

« Lorsque l'administration aura eu connaissance d'une infraction aux prescriptions contenues dans

---

1. P. Leroy-Beaulieu, *Discours à la Chambre des députés*, du 9 fév. 1909, p. 328.

l'alinéa précédent, le contrevenant sera puni d'une amende égale à la moitié des revenus encaissés à l'étranger et non déclarés, indépendamment d'une cotisation égale au triple des sommes dont le Trésor a été privé pour chacune des années antérieures à celle de la découverte de la dissimulation, sans toutefois que le droit de répétition puisse s'étendre à plus de dix années. »

Ainsi donc, le contribuable qui se fera ouvrir un compte-joint à l'étranger et encaissera des dividendes sera astreint par le fait de cet article 27 à révéler au fisc l'existence de son compte-joint.

Naturellement, les pouvoirs d'inquisition du fisc reçoivent une extension prodigieuse. Ce n'est plus seulement chez les sociétés de crédit qu'il pourra pénétrer, mais chez « quiconque fait profession ou commerce habituel de recueillir, encaisser, payer ou acheter des coupons, chèques ou tous autres instruments de crédit créés pour le paiement des dividendes, intérêts, arrérages ou produits quelconques de titres ou valeurs (1). »

M. Aynard essaya vainement (2) d'obtenir une exception pour les banques privées « dont la seule raison d'exister est que leurs clients y conservent l'avantage de la discrétion et du secret, le fisc n'ayant

1. Art. 23 du projet d'impôt sur le revenu.
2. Ch., 16 juin 1908, *Off. Déb. parl.*, p. 1213.

pu jusqu'à présent pénétrer chez les banquiers particuliers. » Son éloquence fut vaine et la Chambre
resta insensible aux paroles de l'éminent économiste
faisant prévoir la fermeture des banques privées, et
le renforcement du monopole des grandes institutions de crédit, qui a déjà soulevé précédemment de
si vives protestations.

C'est d'ailleurs à l'égard des banquiers et des notaires que le fisc nourrit le plus de défiance. Le
1er avril 1908, le Garde des Sceaux adressait aux procureurs une circulaire pour les prier de rappeler aux
notaires qu'ils doivent s'abstenir rigoureusement,
sous peine de sanctions disciplinaires, de prêter
leur concours à la réalisation de conventions manifestement entachées de fraude à l'effet de soustraire
les valeurs successorales au paiement des droits de
mutation par décès. « Leur premier devoir est de
refuser leur ministère à ceux qui tendent à violer ou
à éluder des lois fiscales aussi bien que des lois civiles. »

Contre les banquiers, voici la lettre adressée en
1907 par M. Caillaux au président de la Commission
de législation fiscale (1) :

« La Commission a également compris que la surveillance des maisons de banque privées devient une
nécessité. On ne saurait en effet laisser des collec-

1. *Économiste français*, 25 mai 1907.

teurs d'impôts comme vont le devenir tous les b an quiers en dehors d'un contrôle administratif qui n'épargne aucun de ceux, officiers publics, assujettis de la régie, etc., auxquels les lois fiscales ont dévolu la mission de retenir l'impôt. »

Donc toutes ces catégories de personnes seront soumises à l'exercice. Et quel exercice! Faut-il croire que le fisc se contentera de prendre connaissance des répertoires énumérés dans le projet d'impôt sur le revenu et destinés à constater la perception des impôts frappant les coupons?

Il faut raisonner par analogie avec ce qui s'est passé pour les sociétés de crédit. Aucun texte précis ne donne au fisc un droit de communication universel à l'égard de ces dernières; et cependant l'étude de la jurisprudence nous a permis d'arriver aux conclusions suivantes (1) :

« La communication s'étend à tous les registres et pièces composant la comptabilité commerciale des sociétés, sans faire aucune distinction entre les livres et documents qui seraient soumis au timbre et à l'enregistrement et ceux qui n'y seraient pas soumis, sans distinction également entre les livres facultatifs et accessoires et les livres dont la tenue est prescrite par le Code de commerce. »

Les préposés de l'enregistrement peuvent deman-

1. *Revue économique et financière*, du 2 fév. 1907.

der notamment communication du livre des traites et remises d'effets à encaisser, du registre des dépôts de titres, du livre des bons à échéance, du livre des comptes courants de chèques ou des dépôts de sommes à vue, des comptes courants de toute nature, du grand-livre de comptabilité, du registre des délibérations des assemblées générales ou du Conseil d'administration, des rapports présentés par le Conseil d'administration de la société à l'assemblée générale des actionnaires, des effets en portefeuille et des pouvoirs relatifs aux assemblées des actionnaires. L'administration peut prendre connaissance même des lettres lorsqu'elles offrent de l'intérêt au point de vue fiscal.

Lorsqu'ils demandent communication des documents que la loi les autorise à se faire représenter, les agents de l'enregistrement n'ont pas à rendre compte des motifs de leur réquisition. Ils peuvent faire usage de ces documents pour assurer l'exécution de toutes les lois sur le timbre et l'enregistrement, sans distinction entre les lois nouvelles et les lois anciennes, entre les impôts créés par les lois de 1871 et de 1875 et les impôts établis par les lois antérieures.

L'administration est également autorisée à utiliser ses investigations en vue d'assurer le paiement de la taxe sur le revenu créée par la loi du 29 juin 1872 (demain, de l'impôt progressif sur le revenu).

Sans aucun doute, le droit de communication accordé au fisc en vertu du projet d'impôt sur le revenu suivra une évolution analogue, et bientôt il pourra certes se faire communiquer tous les documents qu'il lui plaira de connaître chez les banquiers privés et les notaires qui paient des coupons.

Inutile d'insister sur les pénalités que nous avons vues au fur et à mesure de cette étude ; elles sont fortes et de nature à faire réfléchir.

Nous avons donc étudié les mesures que le fisc compte prendre contre les détenteurs de valeurs mobilières pour arriver de leur vivant à la perception des droits qui lui sont dus ainsi qu'à la connaissance de l'ouverture de comptes-joints à l'étranger. Voyons maintenant les mesures qu'il prendra pour s'assurer le paiement des droits de succession.

B). — *Projets des lois modifiant le régime actuel de dévolution des successions.*

1° *Envoi en possession spécial.*

Nous arrivons au projet de loi le plus considérable en matière de répression des comptes-joints.

A l'heure actuelle et selon la loi française, une banque étrangère se décharge valablement envers l'héritier du déposant lorsque cet ayant droit lui prouve sa qualité d'héritier. Le *de cujus* étant mort, ses héritiers réguliers lui succèdent de plein droit et peuvent intenter toutes actions conservatoires et exécutoires : ils sont présumés continuer la personnalité du mort auquel ils succèdent sans avoir besoin de recourir à l'autorisation de la justice, et ce en vertu de la saisine.

« Avoir la saisine d'une succession, c'est n'avoir rien à demander à personne pour se mettre en possession des biens qui la composent ; c'est avoir le droit d'entrer dans la maison du défunt, d'en ouvrir les meubles, de se faire payer par des débiteurs héréditaires, d'agir contre eux en justice au besoin : le tout, absolument comme pouvait le faire le défunt de son vivant.

« N'avoir pas la saisine, c'est être obligé de demander à quelqu'un, ordinairement à la justice, la permission de faire ces divers actes ; c'est avoir à solliciter, l'envoi en possession, ou la délivrance des choses auxquelles on succède. C'est donc reconnaître un droit supérieur au nôtre, la prééminence d'une autorité devant laquelle nous nous inclinons (1). »

Notre droit français reconnaît aux héritiers légitimes cette saisine depuis la plus haute antiquité. La maxime célèbre de Beaumanoir : « Le mort saisit le vif, son hoir le plus proche » se trouve reproduite

---

1. Lescœur, *Revue économique et financière* du 25 sept. 1909.

dans l'article 724 du Code civil, 1ᵉʳ alinéa : « Les héritiers légitimes et les héritiers naturels sont saisis de plein droit des biens, droits et actions du défunt, sous l'obligation d'acquitter toutes charges de la succession. »

Cependant la saisine est une faveur qui s'étend aux seuls héritiers réguliers. L'article **724** *in fine* dispose : « L'époux survivant et l'État doivent se faire envoyer en possession. »

En ce qui concerne l'époux survivant, il est bien entendu qu'il ne sera pas obligé de demander l'envoi en possession pour le droit d'usufruit qui peut lui revenir en vertu de l'article 767 ou pour les avàntages qui ont pu lui être accordés en vertu de l'article 1094.

L'époux survivant ne doit demander l'envoi en possession qu'au cas où il succède en pleine propriété, c'est-à-dire « lorsque le défunt ne laisse ni parents au degré successible, ni enfants naturels » (art. 767, 1ᵉʳ alinéa) (1).

Nous étudierons plus loin les formalités de l'envoi en possession ; il nous suffit pour le moment de dire qu'il est prononcé par le tribunal sur requête de l'intéressé.

Or cette obligation de l'envoi en possession, que notre Code n'impose qu'exceptionnellement au conjoint

1. Voir D. Suppl. art. Succession, § 379, p. 75.

su rédant en pleine propriété, est la règle absolue
et uniforme en Angleterre pour toutes les catégories
d'héritiers ou légataires.

La saisine n'existe pas : tous les héritiers, quelle
que soit leur parenté avec le défunt, sont obligés de
demander l'envoi en possession à un Tribunal appelé
« Court of probates ». C'est précisément ce système
qu'un projet de loi propose d'introduire en France
non point d'une manière générale, mais seulement
en ce qui concerne les valeurs mobilières déposées
à l'étranger. Aussi est-il intitulé « l'envoi en possession spécial ».

Il émane de l'initiative de M. Caillaux qui, en sa
qualité de ministre des Finances, confia le soin de sa
rédaction à une commission de jurisconsultes prési-
dée par M. Lyon-Caen. Le ministre déposa son projet à la séance de la Chambre du 12 mars 1908. Puis
ce rapport fut communiqué à une commission spéciale; elle élabora un nouveau texte, lequel n'est
dans ses trois premiers articles que la reproduction
du projet ministériel ; voici d'ailleurs ces textes :

Projet ministériel.

Article premier. — Dans tous les cas où une succession
ouverte en France et régie par la loi française comprend des
fonds publics, actions, obligations, parts d'intérêts, créances

et généralement des valeurs mobilières de quelque nature que ce soit, déposés ou existant à l'étranger, les héritiers légitimes et naturels, l'époux survivant appelé à la succession à défaut de parents au degré successible, les héritiers à réserve en concours avec des légataires universels ou des donataires universels de biens à venir quand il n'y a pas d'héritiers réservataires, ne peuvent justifier de leurs qualités et se faire remettre lesdites valeurs par tous tiers détenteurs, dépositaires ou débiteurs, qu'à la condition d'avoir préalablement obtenu un envoi en possession légal spécial de ces valeurs.

Cet envoi en possession est prononcé sur requête par une ordonnance du président du tribunal de première instance dans le ressort duquel la succession s'est ouverte. Cette ordonnance contient l'énumération des créances et valeurs successorales mentionnées dans le paragraphe précédent. Elle est visée pour timbre et enregistrée gratis.

Le jugement d'envoi en possession rendu au profit du conjoint survivant en vertu de l'article 770 du Code civil peut contenir ladite énumération. Il en est de même de l'ordonnance rendue dans les cas prévus par l'article 1008 du Code civil.

Les dispositions de l'article 5 de la loi du 28 décembre 1895 ne s'appliquent pas aux énonciations de valeurs mobilières étrangères faites dans l'ordonnance ou le jugement prononçant l'envoi en possession de ces valeurs.

Art. 2. — Les héritiers, légataires ou donataires qui n'auront pas déclaré, dans les délais prescrits par l'article 24 de la loi du 22 frimaire an VII, les valeurs mobilières successo-

rales de toute nature déposées ou existant à l'étranger et qui
en auront pris possession sans s'être conformés aux prescriptions de l'article précédent seront passibles d'une amende
égale au quart de la valeur des biens non déclarés sans addition de décimes.

Cette amende, qui sera recouvrée comme en matière d'enregistrement, sera payée solidairement par les contrevenants,
sauf à la répartir entre eux dans les proportions de leurs
droits héréditaires.

Art. 3. — Dans les inventaires et dans les actes de notoriété destinés à établir les qualités des ayants droit à une
succession, mention devra être faite de l'obligation qui
incombe à ceux-ci d'obtenir l'envoi en possession spécial
prévu à l'article premier pour justifier de leurs qualités et se
faire remettre les créances et valeurs successorales déposées
ou existant à l'étranger. Il ne pourra être délivré aucun
extrait desdits actes, sans que cette mention y soit reproduite.

Tout officier public ou ministériel qui aura contrevenu aux
dispositions du présent article sera passible personnellement
d'une amende de 100 francs en principal.

Projet de la Commission de la Chambre.

Article premier, § 1. — Dans tous les cas où une succession ouverte en France et régie par la loi française comprend
des fonds publics, actions, obligations, parts d'intérêts,
créances et généralement des valeurs mobilières de quelque
nature que ce soit, déposés ou existant à l'étranger, les héri-

tiers, donataires et légataires ne peuvent se faire remettre les dites valeurs par tous tiers détenteurs, dépositaires ou débiteurs, qu'à la condition d'en avoir préalablement obtenu un envoi en possession spécial, et ils perdent toute vocation héréditaire et tout droit aux donations et legs portant sur ces mêmes valeurs, s'ils n'ont pas obtenu cet envoi en possession dans les délais fixés par l'article 5.

§ 2. — Cet envoi spécial en possession est prononcé sur requête, par une ordonnance du président du tribunal de première instance dans le ressort duquel la succession s'est ouverte. Cette ordonnance contient l'énumération des créances et valeurs successorales mentionnées dans le paragraphe précédent. Elle est visée pour timbre et enregistrée gratis.

§ 3. — Cette ordonnance ne sera pas nécessaire si le jugement d'envoi en possession rendu au profit du conjoint survivant en vertu de l'article 770 du Code civil contient cette énumération.

§ 4. — Il en sera de même dans le cas où une ordonnance rendue conformément à l'article 1008 du Code civil satisfait aux mêmes prescriptions.

Les dispositions de l'article 5 de la loi du 28 décembre 1895 ne s'appliquent pas aux énonciations de valeurs mobilières étrangères faites dans l'ordonnance ou le jugement prononçant l'envoi en possession de ces valeurs.

Art. 2. — Les héritiers, légataires ou donataires qui n'auront pas déclaré, dans les délais prescrits par l'article 24 de la loi du 22 frimaire an VII, les valeurs mobilières successorales de toute nature déposées ou existant à l'étranger et qui en auront pris possession sans s'être conformés aux prescriptions de l'article précédent, seront passibles d'une amende égale au quart de la valeur des biens non déclarés, sans addition de décimes.

Cette amende qui sera recouvrée comme en matière d'enregistrement sera payée solidairement par les contrevenants, sauf à la répartir entre eux dans la proportion de leurs droits héréditaires.

Art. 3. — Dans les inventaires et dans les actes de notoriété destinés à établir les qualités des ayants droit à une succession, mention devra être faite de l'obligation qui incombe à ceux-ci d'obtenir l'envoi en possession spécial prévu à l'article premier pour justifier de leurs qualités et se faire remettre les créances et valeurs successorales déposée ou existant à l'étranger. Il ne pourra être délivré aucun extrait des dits actes sans que cette mention y soit reproduite.

Tout officier public ou ministériel qui aura contrevenu aux dispositions du présent article sera passible personnellement d'une amende de 100 francs en principal.

Art. 4. — Les contraventions à l'article premier de la présente loi donneront ouverture contre les tiers détenteurs, dépositaires ou débiteurs étrangers, à une action en responsabilité au profit de tout intéressé.

Art. 5. — Si l'héritier, le légataire ou le donataire appelé à recueillir les biens déposés ou existants à l'étranger ne remplit pas, dans les deux ans de l'ouverture de la succession, les formalités requises par l'article premier, tout successible pourra, aussitôt après l'expiration de ce délai, le mettre en demeure d'avoir à accomplir ces formalités. Cette mise en demeure qui sera faite par acte d'huissier contiendra l'énumération des valeurs pour lesquelles l'envoi en possession devra être demandé.

A compter de la date de cette mise en demeure les héritiers, donataires ou légataires auront un délai, savoir : les premiers appelés de six mois, les appelés en seconde ligne, de neuf mois, les appelés en troisième ligne de douze mois et ainsi de suite à raison d'une augmentation de délai de trois mois par degré, pour remplir les formalités prévues par l'article premier.

Faute par eux d'avoir accompli ces formalités dans lesdits délais, l'envoi en possession sera prononcé au profit du requérant qui sera censé avoir succédé seul et immédiatement au défunt pour tous les biens et valeurs spécifiés dans l'exploit de mise en demeure.

En quoi diffèrent ces projets ?

En lisant l'exposé des motifs du projet ministériel, on voit que celui-ci poursuit simplement « une restriction de la saisine ».

« Celle-ci, en effet, est un privilège de possession accordé par la loi à certains héritiers en raison de leur probité; elle n'a rapport qu'à la possession et non à la propriété de la personne intéressée. Il n'y aurait dès lors aucun inconvénient à *restreindre* ce privilège pour les biens à l'étranger, puisqu'on ne porterait pas atteinte au droit de propriété de l'héritier, qui demeurerait intact, le seul privilège de possession étant restreint. »

Or M. Dumont se défend de demander une restriction à la saisine et prétend s'attaquer à la « vocation héréditaire ». Voici en effet le parallèle qu'il trace des deux projets (1) :

« Restreindre la saisine ou l'entourer de certaines garanties ou conditions, c'est restreindre ou conditionner le droit de possession des héritiers sans toucher à leur capacité d'héritier ou à leurs droits de propriété.

« Dans le texte que la Commission de législation fiscale vous propose, c'est au contraire le droit, la qualité, et par conséquent, la capacité d'héritier ou de recevoir par legs ou donations qui est restreinte par la loi et subordonnée à l'accomplissement d'une condition résolutoire.

« Notre texte dit en effet en substance que la vocation héréditaire comme le droit aux legs et donations se perdent si dans un délai de deux ans l'envoi en possession spécial, prévu par le projet du Gouvernement n'a pas été obtenu et qu'ils passent à un successible du degré subséquent après l'accomplissement par lui de la formalité qui, non accomplie, joue le rôle de condition résolutoire. »

Il nous semble que M. Dumont s'exagère la portée

1. *Off.*, *Doc. parl.*, annexe 2215, 1ʳᵉ séance, 18 nov. 1908, p. 92.

des articles 4 et 5 de son projet en établissant une différence de principe entre le projet ministériel et le sien. A notre avis tous les deux contiennent une restriction de la saisine puisque tous deux impliquent l'obligation de l'envoi en possession.

Ils ne diffèrent que par les sanctions qu'ils donnent à cette obligation :

Tous deux prescrivent par leur article 2 une amende aux contrevenants.

Mais à cela se borne le projet ministériel. Celui-là donc qui aura négligé de se faire envoyer en possession, paiera l'amende et sera réputé valable propriétaire.

Or, le projet de la Commission admet bien cette sanction, mais ne s'en contente pas.

En effet si le co-titulaire survivant du compte-joint ne demande pas l'envoi en possession dans les délais prescrits par l'article 5 *in fine*, quand sommation lui aura été faite à cet effet par un successible quelconque, l'envoi en possession sera prononcé au profit de ce dernier « qui sera censé avoir succédé seul et immédiatement au défunt pour tous les biens et valeurs spécifiés dans l'exploit de mise en demeure ».

Il est donc inexact de prétendre que le projet de la Commission se différencie radicalement du projet ministériel. Tous deux contiennent une restriction à la saisine, puisqu'ils imposent l'obligation de l'envoi en possession. Mais, tandis que là s'arrête le projet ministériel, le projet de la Commission contient une sanction de plus : la suppression de la vocation héréditaire du co-titulaire survivant lorsqu'il ne demande pas l'envoi en possession dans les délais voulus, sur la sommation de tout successible.

Le projet de la Commission contient donc bien une suppression éventuelle de la vocation héréditaire mais en outre, et comme le projet ministériel : la suppression de la saisine.

Pour apprécier ce projet, il faut en examiner le côté moral et l'efficacité.

Au point de vue moral, c'est l'introduction de l'esprit de délation dans la famille. Nous n'insisterons pas davantage sur les conséquences déplorables de cette mesure, sur les honteuses compétitions qu'elle provoquera « tant est violent chez le plus grand nombre le désir d'obtenir un héritage » (1). C'est la délation reconnue par les lois, comme un moyen normal d'acquisition de la propriété. Nous voici revenus au temps des sycophantes ou du Bas-Empire.

Passons maintenant au deuxième point de vue.

Ce projet sera-t-il efficace ?

Il repose essentiellement sur l'idée que la banque étrangère ne se dessaisit jamais qu'en vertu d'un acte de notoriété dûment enregistré et rédigé suivant des formes garanties par un certificat de coutume. Or, à

1. Rapport précité, p. 95.

l'avenir les formules d'actes de notoriété officielles contiendront la mention d'envoi en possession et ce à peine pour les officiers ministériels contrevenants d'une amende de 100 francs. Impossible donc de se faire délivrer un dépôt par une banque étrangère si l'on n'a obtenu précédemment cet envoi en possession.

Or le compte-joint a précisément pour but de permettre aux banques de se dessaisir sans qu'il soit nécessaire de leur présenter un acte de notoriété. Donc l'effet du projet est manqué.

Cependant les pénalités très fortes qu'il fait entrevoir aux contrevenants, le danger de dépossession augmentent les risques. Ceux-ci détourneront-ils beaucoup de fraudeurs?

Nous ne le croyons pas puisque le fait de se faire ouvrir un compte-joint présuppose chez les co-titulaires la certitude absolue — acquise après mûre réflexion — que la concorde règne dans leur famille. Encore une fois ce ne sont pas les petits capitalistes craintifs, ignorants du droit et des usages internationaux qui pratiquent la fraude des comptes-joints, mais les gros capitalistes très au courant des choses financières et très bien conseillés. Il s'agit d'une minorité, mais d'une minorité très riche, et qui n'agit qu'à bon escient; celle-là, nous le répétons, n'a rien à craindre du projet de loi que nous venons d'exposer.

2° *Serment fiscal.*

Le projet d'envoi en possession spécial compte sur les convoitises des successibles pour faire apparaître les fraudes aux droits de succession.

Or il se peut qu'il n'y ait en dehors du co-titulaire survivant pas de successible, ou que, même s'il en existe, la concorde parfaite qui règne dans la famille, et le sentiment le plus élémentaire de la droiture, les empêche de se servir des facilités que leur offrirait cette loi.

Il fallait donc prévoir ce cas.

Nous avons dit précédemment qu'il serait très difficile au fisc de se servir utilement des renseignements qu'il pourrait se procurer par voie d'indiscrétions, ou par la violation du secret de la correspondance, puisque de pareils éléments ne pourraient servir de motifs à une assignation.

Il en serait autrement si le fisc, ayant acquis par des moyens inavouables la connaissance d'une fraude, pouvait citer en justice le fraudeur présumé, et, sans avoir à expliquer l'origine de ses soupçons, lui déférer le serment. La crainte des peines qui punissent le faux serment amènerait le fraudeur aux déclarations les plus complètes.

Or, le serment décisoire a été refusé au fisc par une jurisprudence constante, qui lui a toujours imposé une procédure écrite (D. *Rép. Enregistrement*, n° 122 et *Suppl.*, n° 93).

Une exception fut cependant apportée à cette règle.

Des dispositions qui présentent un caractère particulier de rigueur ont été édictées contre les dissimulations, soit des prix de ventes d'immeubles ou de fonds de commerce, soit de soultes de partage (loi 23 août 1871, art. 12 et 13, loi 28 fév. 1872 art. 8) Il a été décidé qu'à titre exceptionnel, la dissimulation pourrait être en ces matières établie par tous les genres de preuves admis en droit commun. Toutefois, il a été ajouté que l'Administration ne pourrait déférer le serment décisoire ni user de la preuve testimoniale que pendant dix ans à partir de l'enregistrement de l'acte.

Néanmoins, il y avait là une innovation intéressante : dans un cas spécial, un seul il est vrai, l'Administration se voyait autoriser à déférer le serment. Il s'agissait de généraliser cette pratique.

Tel est le but que visait la proposition de loi déposée le 4 novembre 1907 par M. Charles Dumont (1) et voici en quels termes l'exposé des motifs définit le serment fiscal qu'il est question d'introduire (2).

Si les moyens d'investigation que l'Administration

1. *Doc. parl.*, ch. p. 40 annexe n° 1288.
2. *Ibid*, p. 41.

possède actuellement sont suffisants pour lui permettre de découvrir toutes les valeurs que le défunt pouvait posséder, elle relève les omissions et réclame, comme actuellement, le droit simple et le droit en sus.

« Si, au contraire, les documents qu'elle a à sa disposition ne lui révèlent qu'un actif mobilier peu important, alors que d'après le genre de vie que le défunt avait adopté, d'après la commune renommée, il est à présumer qu'il possédait une fortune mobilière supérieure à celle déclarée, elle déférera le serment à un ou plusieurs héritiers. Si ce serment est prêté, les choses resteront en l'état ; mais, si ultérieurement, il est constaté que des omissions ont été commises volontairement, le serment prêté aura évidemment le caractère du faux serment et des poursuites correctionnelles pourront être exercées. »

Le Gouvernement fit sienne la proposition Ch. Dumont qu'il reproduisit dans les articles 23 et 24 de son projet de budget pour l'exercice 1909. En voici l'analyse telle que nous la trouvons au numéro du 15 janvier 1909 (4ᵉ partie, page 1) du *Répertoire général pratique du notariat et de l'enregistrement* :

« L'Administration de l'enregistrement était autorisée à déférer le serment décisoire aux parties en vue d'établir les omissions de biens dans les déclarations de successions ainsi que les dissimulations dans les ventes d'immeubles ou de fonds de commerce. D'après la procédure organisée par ces articles, l'Administration devait, avant d'assigner les parties en délation du serment, présenter une requête au Président du tribunal, pour faire fixer la date à laquelle le serment serait reçu. Si la partie ne comparaissait pas ou refusait de prêter le serment requis, le Tribunal était tenu de la condamner au paiement des droits et pénalités dont le montant était indiqué dans l'exploit d'assignation. Si elle prêtait serment il lui en était donné acte, et l'Administration était condamnée aux dépens. En cas de contestation de faux serment les peines édictées par l'article 366 du Code pénal étaient applicables avec un minimum de quinze jours pour la peine d'emprisonnement ; bien entendu ces pénalités correctionnelles n'étaient prévues que pour les omissions volontaires. »

La commission du budget refusa d'admettre la proposition ministérielle décidant que, dans des conditions si exorbitantes du droit commun, avec un tel arbitraire et des pénalités si excessives, la proposition, juridiquement, ne résistait pas à l'examen (1).

Le ministre d'ailleurs se rendit à sa manière de voir et « retira sagement sa proposition » (2) et, finalement, d'accord avec lui, la commission décida

---

1. Rapport général, budget 1909, séance 13 juillet 1908, p. 671, annexe 2036.

2, *Ibid.*

« qu'il suffisait pour donner satisfaction à ce qu'il y avait de légitime dans les protestations de l'Administration contre les fraudes possibles en matières de droit successoral, de l'autoriser à employer tous les moyens de preuve admis par le droit commun, y compris le serment ».

En somme, c'était l'admission du moyen de preuve proposé par M. Dumont, mais la suppression des terribles conséquences qu'il entraînait en cas de faux serment.

La commission de la Chambre introduisit donc par là même dans la loi des finances une disposition rappelant celle qui figurait dans le projet de loi établissant le tarif progressif des droits de succession que la Chambre des députés avait votée en 1896, ainsi conçue :

« Les omissions et les insuffisances d'évaluation commises dans les déclarations souscrites en matière de meubles et valeurs mobilières pour le paiement des droits de succession, de même que l'inexactitude des attestations ou déclarations de dettes pourront être établies par tous les genres de preuve du droit commun.

« Il n'est pas dérogé en cette matière pour le surplus aux dispositions des articles 65, loi du 22 frimaire an VII et 17 loi du 27 ventôse an IX sauf dans les instances ne comportant par la procédure spéciale établie par ces articles. »

Or, le Sénat qui en 1901 avait rejeté cette proposition, fit de même pour le projet de serment fiscal que
contenait le rapport de la commission du budget de
la Chambre.

Le serment fiscal est donc écarté, mais pour combien de temps ? Il est permis de croire qu'il ne s'é-
coulera pas un grand nombre d'années avant qu'on
voie réapparaître une semblable proposition, dont
l'adoption dépend d'une majorité de plus en plus hostile aux successions et aux capitalistes.

3° Généralisation du procédé des scellés.

Il ne s'agit ici nullement d'une proposition de loi,
mais d'un article de *l'Action* (1), journal qui, par ses
amitiés notoires avec les membres de la Chambre
qui se sont le plus distingués dans la recherche des
moyens propres à la répression des fraudes, mérite
une attention spéciale.

Comment, nous sommes-nous souvent demandé,
les héritiers évincés qui présument l'existence d'un
compte-joint, mais sans en avoir la certitude, pour-
ront-ils en acquérir une preuve matérielle ? Or l'article 909 du Code de procédure civile leur en donne
le moyen. Il confère en effet le droit de requérir l'apposition des scellés à tous ceux qui prétendront avoir

1. N° du 11 août 1909 (supplément).

un droit dans la succession ou dans la communauté.

Si nous n'avons pas parlé de ce procédé, c'est qu'il
est tellement inusité, que le fait d'avoir recours à lui
causerait un véritable scandale, devant lequel on
recule d'ordinaire.

La plupart du temps d'ailleurs les intéressés demeu-
rent loin du lieu du décès et ne peuvent requérir
l'apposition des scellés en temps utile. A l'heure actuelle les héritiers frustrés sont en très mauvaise pos-
ture, et cependant « il y a toujours *dans les papiers*
des défunts *une trace de placement* de ces valeurs et
de l'encaissement de coupons par le *de cujus*, pour
employer l'expression consacrée.

« Le dépouillement de ces papiers permettrait de
reconstituer les valeurs disparues lorsque les héritiers ne seraient pas tous d'accord, ce qui arrive plus
souvent qu'on ne le croit.

« Parfois les héritiers frustrés tentent bien de rechercher, en essayant de découvrir les valeurs que le
défunt avait pu acheter et les coupons qu'il encais-
sait. Mais, encore là, la législation laisse à désirer.
Si l'héritier s'adresse à la justice, celle-ci peut rester
inerte et trouver les présomptions et même les preuves de recel insuffisantes. Certains procureurs de la
République se prêtent volontiers aux recherches ;
mais d'autres refusent d'ouvrir une enquête en disant
à tort ou à raison, que leur seul rôle est de recher-

cher des crimes, ou les délits pour les faire punir, mais qu'ils ne sont pas institués pour rétablir la consistance des successions » (1).

Or, voici les mesures que préconise *l'Action* pour remédier à cet état de choses :

1° Faire apposer d'office les scellés pendant la demi-heure qui suit le décès ;

2ᵐ Faire prêter immédiatement serment à tout l'entourage du défunt par une autorité quelconque voisine de la maison du défunt ;

3° Donner le pouvoir d'apposer les scellés d'office non seulement au juge de paix (art. 907. P.C.) ou à son greffier (loi du 3 juillet 1909), mais encore au maire, ou à un délégué du maire, accompagné de deux témoins honorables, ou au secrétaire de mairie ou à un conseiller municipal.

Encore une fois, il ne s'agit là que d'un simple article (signé Henricet) ; mais cet article contient une indication précieuse pour nos législateurs, très préoccupés de la question d'évasion fiscale ; aussi avons-nous tenu à le signaler, non que nous croyons à la possibilité de voir jamais confier l'apposition des scellés à une « autorité quelconque » ou même à des personnes telles qu'un conseiller municipal, aussi peu qualifié à cet effet ; mais il y a dans l'apposition d'office des scellés une idée dont nos gouvernants profiteront peut-être un jour.

1. Article cité.

4° *Conclusion de nouvelles ententes.*

« La conclusion de nouvelles ententes analogues à
l'accord franco-anglais occupe vivement nos législateurs. C'est dans cette voie que M. le ministre des
Finances doit continuer à s'engager et il est absolument certain que dans quelques années, nous aurons
avec l'Allemagne, l'Italie, et d'autres États des traités analogues à celui que nous avons passé avec l'Angleterre (1). »

Et le député traduisait fidèlement les intentions
et les efforts du ministre des Finances. C'est ainsi
qu'en mai 1908 parut dans plusieurs journaux l'information suivante (2) :

« Un inspecteur des finances, M. Jolly, qui est venu
à Madrid pour étudier la question, n'a trouvé que
des dispositions favorables dans les milieux espagnols mais il a rencontré de sérieux obstacles résultant de la différence des principes successoraux des
deux pays ; car les droits espagnols atteignent surtout
les biens immobiliers.

« Les difficultés proviennent aussi de l'existence du
régime foral particulier à la Navarre et aux provinces basques, qui exigerait des accords spéciaux avec

1. Discours, E. Merle, Ch., 21 janv. 1909, *Off.*, p. 86.
2. *L'Éclair*, 27 mai 1908.

ces provinces outre celui avec le pouvoir central.

« Le projet a donc actuellement peu de chances d'aboutir.

« M. Jolly est reparti pour Paris, rendre compte de sa mission au ministre des Finances. »

Cependant il est intéressant de noter que depuis 1907, aucun nouvel accord n'a été signé. Or, ainsi que l'a très bien fait ressortir M. Maurice Colin à la tribune de la Chambre (1) le tout n'est pas de conclure des ententes; il faut encore que le régime fiscal du pays co-contractant soit analogue au nôtre et permette au fisc français d'acquérir des renseignements utiles. Et quand bien même ce régime serait le même, il n'est pas certain que le fisc étranger mette à la disposition de l'Administration française les moyens dont il dispose pour assurer la rentrée de ses impôts nationaux, quand il s'agira d'assurer la rentrée d'un impôt français. Car l'intérêt à l'échange de documents peut n'être pas réciproque. Pour qu'il y ait réciprocité il faudrait que l'étranger détînt un nombre de titres français égal au nombre de titres étrangers qui sont en France. Or, à ce point de vue, nous sommes les banquiers du monde et nous avons un stock de titres étrangers qui ne peut être comparé à aucun stock de titres français existant dans un pays quelconque. L'intérêt de réciprocité s'aperçoit donc assez

---

1. 31 janvier 1908, *Off.*, p. 176.

mal, en ce qui concerne les pays emprunteurs, comme l'Allemagne, l'Espagne, l'Italie, que citait M. Merle.

Aussi la conclusion d'ententes séparées n'est-elle pas le seul moyen auquel songent nos ministres. M. Caillaux voulut en 1907 (1) convoquer pour l'année suivante à Paris une conférence internationale, analogue à la conférence du droit international qui se réunit à La Haye, pour discuter les questions se rattachant à la double imposition et aux droits de succession.

M. Dumont appelait de tous ses vœux la réunion de cette conférence : « La conférence internationale est donc possible autant qu'elle est nécessaire. Elle comprendra d'abord un nombre d'États plus ou moins grand, mais aux plus essentielles des décisions qu'elle prendra certainement, sous la pression des circonstances, à la faveur des mouvements politiques, tous les États donneront successivement leur adhésion (2). »

Enregistrons purement ce désir ou cette tendance, qui jusqu'ici n'a encore abouti à aucun résultat.

5° Commissions.

Le procédé habituel en matière de législation fiscale était ces dernières années d'insérer les projets

1. *Journal de Genève* et, *Vie Financière*, 7 janvier 1907.

2. Ch. dép·, 12 juillet 1906, *Off.* déb. parl., p 2296.

de loi dans la loi de finances. M. Caillaux avait incorporé dans son projet de budget pour 1909 le serment décisoire qui fut rejeté par le Sénat et il avait
incorporé dans le projet pour 1910 l'envoi en possession spécial, que M. Cochery retira depuis du
budget.

On peut se demander ce que deviennent ces pro-
positions, ou rejetées, ou disjointes. Il est bon de
relire à *l'Officiel* du 5 juillet 1909 les arrêtés du ministre des Finances, portant nomination de deux
commissions.

Le ministre des Finances.

Arrête :

Article premier. — Il est institué au ministère des Finances une commission chargée de l'étude des mesures propres
à réaliser la concordance entre les règles de droit civil et
les prescriptions du droit fiscal, en vue d'assurer le contrôle
des déclarations de succession :

Art. 2. — Sont nommés membres de cette commission :

MM.

Tanon, président de chambre à la Cour de cassation, président.

Deloncle, conseiller d'État.

Marraud, conseiller d'État en service extraordinaire, directeur général de l'enregistrement, des domaines et du timbre.

Lecherbonnier, conseiller d'État en service extraordinaire,

directeur des affaires civiles et du sceau au ministère de la Justice.

Luquet, directeur du contrôle des administrations financières et de l'ordonnancement au ministère des Finances.

Dartiguenave, inspecteur des Finances, chef adjoint du cabinet du ministre des Finances.

Compeyrot, administrateur à la direction générale de l'enregistrement, des domaines et du timbre.

Jobit, directeur des domaines de la Seine.

Art. 3. — Sont nommés:

MM.

Regard, chef de bureau à la direction générale de l'enregistrement, des domaines et du timbre, secrétaire avec voix consultative ;

Cluzel, rédacteur principal au ministère de la Justice, secrétaire-adjoint.

Art. 4. — Le présent arrêté sera déposé au bureau de contre-seing pour être notifié à qui de droit.

Fait à Paris, le 4 juillet 1909.

J. Caillaux.

Le ministre des Finances

Arrête:

Article premier. — Il est institué au ministère des Finances une commission chargée d'examiner le régime fiscal des valeurs mobilières étrangères autres que les fonds d'État et les modifications dont ce régime paraîtrait susceptible au point de vue réglementaire.

Art. 2. — Sont nommés membres de cette commission:

MM.

Camille Lyon, président de section au Conseil d'État, président.

Marraud, conseiller d'État en service extraordinaire, directeur général de l'enregistrement, des domaines et du timbre.

Guernaut, premier sous-gouverneur de la Banque de France.

Sergent, directeur du mouvement général des fonds.

Michel Tardit, maître des requêtes au Conseil d'État.

Chauvy, inspecteur des finances, chef du cabinet du ministre des Finances.

Thirion, sous-directeur du mouvement général des fonds.

Compeyrot, administrateur à la direction générale de l'enregistrement, des domaines et du timbre.

Pierre Caillaux, auditeur de 1re classe au Conseil d'État, chef-adjoint du cabinet du ministre des Finances.

Jobit, directeur des domaines de la Seine.

Regard, chef du bureau central à la direction générale de l'enregistrement, des domaines et du timbre.

Rendu, secrétaire général de la chambre syndicale des agents de change.

Lefèvre, chef du service des études financières au Crédit Lyonnais.

Jacques, chef du service du contentieux à la Banque de Paris et des Pays-Bas.

Art. 3. — Est nommé secrétaire M. Lucas de Peslouan, auditeur de 2e classe au Conseil d'État.

Art. 4. — Le présent arrêté se dépose au bureau du contre-seing pour être notifié à qui de droit.

Fait à Paris, le 4 juillet 1909.

D'ailleurs, M. Cochery, une fois devenu ministre, élargit les cadres en nommant membres de la commission chargée d'examiner le régime fiscal des valeurs mobilières étrangères, autres que les fonds d'État et les modifications dont ce régime paraîtrait susceptible au point de vue réglementaire : MM. Pallain, gouverneur de la Banque de France, Morel, gouverneur du Crédit Foncier de France, Gavary, ministre plénipotentiaire, directeur des affaires administratives et techniques au ministère des Affaires étrangères ; Monduit, président de la chambre de Commerce de Paris ; Vignal inspecteur des Finances (1).

Le secret le plus absolu préside naturellement aux délibérations de ces commissions, mais il est permis de présumer que la base de leurs travaux se trouve constituée par les projets dont nous avons donné l'étude au cours de ces dernières pages. Bornons-nous à regretter que le ministre n'ait pas fait preuve dans la composition de la première commission, plus spécialement occupée des questions qui nous intéressent, de la largeur d'idées qui a présidé à la

1. *Officiel*, 31 août 1909.

composition de la seconde, où à côté de fonctionnaires compétents et qualifiés, nous relevons avec
plaisir et confiance les noms de praticiens éminents
comme MM. Pallain et Morel ou de jurisconsultes
que leurs fonctions mettent en contact avec la pratique journalière des questions de droit fiscal internationales les plus ardues, comme M. Jacques, le distingué chef du contentieux de la Banque de Paris et des
Pays-Bas. Nul doute que si la première commission uniquement composée de fonctionnaires, s'était adjoint
des praticiens aussi qualifiés, elle réussirait à éviter
dans ses conclusions futures ces mesures vexatoires
dont la portée échappe à des hommes de pure science
qui ne se trouvent pas en contact avec la pratique
des affaires internationales. Nous avons tenu à signaler l'existence de ces commissions, pour bien montrer que les projets dont nous avons parlé ne sont
pas définitivement enterrés malgré leur échec, et que
les capitalistes français auraient tort de s'engourdir
dans les illusions qui flattent leurs intérêts.

CHAPITRE XV

Conclusion.

Est-on excusable de frauder le fisc — dans quelles conditions a-t-on le plus de chances d'y réussir — quelles conséquences la fraude successorale a-t-elle sur la prospérité nationale ? Tels sont les points de vue auxquels nous nous placerons successivement dans cette conclusion.

Il est certain que la question ainsi posée : peut-on frauder le fisc ? est choquante dans sa brutalité. Les revenus du fisc contribuant tous sans exception à la prospérité nationale, c'est faire acte de mauvais citoyen et de mauvais patriote que d'agir ainsi. Mais la question change de face, si l'on considère la répartition des charges entre les contribuables appartenant aux diverses classes de la société, ainsi que l'esprit de partialité qui anime beaucoup de nos législateurs contre l'élément capitaliste. Les embûches les plus perfides sont tendues contre ce dernier, et à raison de l'instabilité des tarifs, il lui est impossible de jamais prévoir quels sacrifices on lui demandera de-

main. L'inquisition fiscale n'a pas seulement pour but
de faire rentrer dans les caisses de l'État le montant
intégral des impôts. On lui demande bien davantage :
« La comptabilité exacte des revenus capitalistes et
bourgeois enfin dressée, il sera possible de calculer
plus sûrement quels sacrifices pourront être demandés aux classes possédantes et privilégiées pour ali-
menter dans l'intérêt des travailleurs les œuvres de
solidarité sociale (1). »

Voilà donc les capitalistes bien prévenus pour le
jour où, l'impôt sur le revenu une fois adopté, le
système de la déclaration entrera en vigueur ; soyez
honnêtes, faites des déclarations sincères ; l'on vous
en saura gré, mais pour mieux établir de nouveaux
impôts qui pèseront uniquement sur vous, cependant
que le taux des droits de succession ira sans cesse
croissant, et ne tardera pas à dépasser ce maximum
de 29 °/₀ (projet de budget pour 1910), qui déjà constitue une véritable confiscation. « La façon la plus
simple de se procurer de l'argent, disait un député,
c'est de le prendre où il y en a. »

L'inégalité des taux futurs de l'impôt sur le revenu
est flagrante.

Dans une interview accordée en 1909 au journal
Le Matin, M. Renoult nous permet de nous en ren-

1. Jaurès. Cité par le *Répertoire général pratique du notariat*, 30 juin
1907, I, art. 15251.

dre compte ; soit un ouvrier et un agriculteur gagnant 5.000 francs par an et un employé de commerce 5.800, c'est-à-dire trois personnes de conditions sociales différentes, mais ayant des gains sensiblement égaux. L'ouvrier sera taxé à raison de 0.03 %, l'agriculteur paiera 1,64 % (mais s'il n'exploite pas lui-même 3,20 %) ; quant à l'employé, selon l'importance de la commune, on lui demandera de 0,37 à 0,71 %.

De telles inégalités sont criantes. Elles constituent une véritable prime à la fraude ; il s'agit alors de soustraire un bien légitimement acquis à la convoitise d'une collectivité composée en majorité d'exonérés qui retirent de l'impôt un avantage incomparablement plus considérable que celui qui revient aux contribuables sur lesquels la charge pèse le plus lourd.

« Raisonnons par analogie, dit dans un remarquable article un financier éminent, qui se cache sous le pseudonyme modeste de « un père de famille ».

« Aux grandes manœuvres voici un régiment en marche ; un régiment de 3.000 hommes. Chaque homme porte sur son dos un outil, pelle ou pioche, soit 1.500 pelles et 1.500 pioches. Si le colonel décidait que sur ces 3.000 hommes on choisira tous ceux qui ont plus de 1 m. 75 (supposons qu'ils soient 150), pour leur imposer le fardeau des 1.500 pelles et des 1.500 pioches, que feront ces 150 grands soldats ?

« Ils obéiront et tomberont, ou bien...

« Le colonel ne prendra jamais une telle décision, parce que c'est un chef. Mais, si le régiment votait, on pourrait bien trouver une majorité pour soutenir que les 150 camarades dépassant 1 m. 75 doivent porter les 1.500 pelles et les 1.500 pioches.

« Et, quel tribunal, s'ils désertent, refusera de les absoudre ? (1). »

**

Or, il est un fait certain : Il est possible, sans aucun danger, nous l'avons vu, de se faire ouvrir un compte-joint en Allemagne, dans les Pays-Bas et dans les Pays-Scandinaves. Les chances d'entente entre les Administrations fiscales de ces pays avec la France sont très problématiques, et nécessiteraient, pour donner des résultats vraiment efficaces, un bouleversement général des législations civile et financière de nos voisins. D'ailleurs, ces pays ont besoin de l'argent français, et feront toujours tous leurs efforts pour l'attirer à eux, par tous les procédés.

**

Mais, pour profiter de ces avantages sans risques, quelles conditions doivent réunir les Français qui se font ouvrir des comptes-joints ?

1. *Figaro* du 26 septembre 1909.

Nous ne cesserons de répéter que le compte-joint ne peut être à l'usage que d'une minorité de capitalistes. Pour s'en faire ouvrir un en Allemagne par exemple, il est nécessaire d'être à même de prendre ses mesures pour s'assurer du secret absolu qui présidera à la naissance et à la continuation de l'opération. Il faut être à même de discuter les conseils de placement qu'on recevra de la banque étrangère dépositaire. La connaissance de la langue s'impose donc, quoique notre langue soit comprise dans tous les établissements d'Outre-Rhin, car il faudra lire les journaux et se tenir au courant des lois nouvelles qui pourraient apporter des modifications au régime des comptes-joints. Une grande prudence s'impose dans le choix de la maison de banque, puisque le succès de l'opération dépend surtout de la discrétion du dépositaire. On choisira de préférence une banque privée, où les employés sont peu nombreux, et où les directeurs connaissent de près les clients.

De plus, il faut être assuré de la plus parfaite union au sein de sa famille. Le compte-joint se trouve donc écarté, s'il existe des enfants d'un premier lit.

Mais, dans le cas général, c'est-à-dire quand il n'existe pas d'enfants d'un premier lit, il suffit à un capitaliste instruit de choisir en Allemagne une banque de premier ordre, pour s'y faire ouvrir un compte-joint, qui, dans l'état actuel de notre législation, ne peut donner lieu à aucun mécompte. Pour que cet état de choses change, il faudra encore une fois, non seulement une convention fiscale entre les deux pays mais encore une réforme radicale des législations civile et fiscale de l'Allemagne.

La réalisation d'un pareil événement est tout ce qu'il y a de plus chimérique, et jusque-là encore une fois, les capitalistes français, co-propriétaires de comptes-joints en Allemagne, peuvent être tranquilles.

* *
*

Nous en venons maintenant aux résultats que cet exode de capitaux peut avoir sur la prospérité économique de la France.

A première vue, voici ce qui se passe :

La Banque étrangère dans laquelle sont déposés les titres, moyennant un droit de garde, conserve simplement ces titres, vérifie leurs tirages, encaisse leurs coupons, et crédite de ces encaissements le compte du client. Quand ce dernier a besoin d'argent, il prélève sur ce compte les sommes dont il a besoin. En apparence, au point de vue de la vie économique française, peu importe que les titres soient déposés à l'étranger, au lieu de l'être ici, puisque le capitaliste reçoit ses revenus du dehors par chèque ou autrement, et les consomme ici.

Dans la réalité, il en est autrement.

Supposons un capitaliste ayant son dépôt en Suisse dans une banque suisse.

Ce capitaliste peut très bien ne pas consommer tous ses revenus.

Il en épargne une partie qui reste à l'avoir de son compte dans la banque suisse. Comme il n'a qu'un intérêt peu important sur son avoir en compte courant, il désirera faire un emploi permanent, par achat de valeurs, de ces économies accumulées. La banque suisse qui suit avec attention la situation de ses clients, aura souvent devancé ses intentions. Elle aura offert au capitaliste français des valeurs qu'elle est chargée d'émettre ou simplement des valeurs du marché suisse.

Elle appellera d'abord son attention sur le 3 1/2 suisse des chemins de fer, valeur de tout repos, qui se négocie d'ailleurs sur le marché officiel de Paris. Le capitaliste acceptera la proposition. Un peu plus tard, on lui offrira des titres d'un canton suisse, qu'il acceptera également. On passera ensuite à une entreprise suisse industrielle, Société d'Électricité ou Société d'Hôtel et peu à peu, le capitaliste, docilement, aura pris les valeurs émises par les banques suisses. A un moment donné même la banque suisse, qui sera arrivée, avec quelque habileté, à prendre de l'ascendant sur son déposant, pourra lui suggérer quelque arbitrage lucratif et intéressant. Il a des obligations 3 % P.-L.-M. déposées chez elle : «...étant donné les aléas politiques de la situation en France », le déposant généralement un pessimiste, n'aurait-il pas à vendre ces titres pour acheter tels autres offrant plus de sécurité ?

Naturellement, la banque suisse n'offrira pas à son déposant que des titres suisses, elle pourra à un moment donné lui offrir des titres de fonds d'État dans le Syndicat d'émission desquels elle a une part, elle pourra aussi lui offrir tels ou tels titres d'entreprises industrielles d'outre-mer, chemins de fer ou tramways dans lesquels l'industrie suisse joue un rôle : Winthertur fournira les dynamos, les banques suisses, les capitaux dans lesquels l'argent constituera un appoint important.

La banque suisse arrivera donc insensiblement à diriger l'emploi des économies de ses déposants français, à leur faire faire des arbitrages intéressants... peut-être pour eux, mais encore plus pour elle. Elle pourra profiter de telle ou telle circonstance inopinée pour suivre cette politique : l'appel au remboursement en bloc d'une série d'obligations de chemins de fer des États comme les Atchison Tapeka, il y a quelques mois, embarrasse singulièrement le client français, grand avocat ou grand propriétaire, qui a autrefois acheté ses titres sur le conseil d'un ami. On saisit l'occasion, on propose un remploi d'un rendement égal ou supérieur et le capitaliste français accepte avec reconnaissance.

La conservation des titres, et le maniement du compte courant qui en résulte, amènent le plus souvent la banque dépositaire à diriger les placements du client.

Il en est exactement de même si c'est une banque belge qui a les titres en dépôt — ou une banque allemande. Un grand établissement de Berlin, de Hambourg ou de Francfort offrira des rentes allemandes ou prussiennes dont les émissions sont si importantes et si fréquemment renouvelées — des bons du Trésor allemand ou prussien — puis des fonds d'États étrangers dont l'émission se fait en Allemagne — enfin, des valeurs industrielles purement allemandes, soit d'entreprises de l'intérieur, soit d'entreprises faites au dehors avec des capitaux allemands.

Personne ne songe à contester l'avantage qu'il y a pour la balance économique de la France à ce que les Français soient porteurs de créances sur l'étranger. Ce n'est pas là la question. Ce que l'on peut dire c'est que le propriétaire français de titres déposés à l'étranger, arrive à administrer sa fortune plus ou moins en obéissant aux conseils ou aux suggestions du banquier dépositaire.

Il arrive à prêter à l'Allemagne pour équilibrer son budget — ou pour augmenter sa flotte — à l'industrie allemande, pour se créer des débouchés au Brésil ou en Chine — aux sociétés de paquebots allemands pour faire une concurrence redoutable à nos sociétés du Havre ou de Marseille.

Et petit à petit ce seront des millions et des millions qui se soustrairont de la sorte à l'industrie nationale, pour profiter sous une direction étrangère au développement à l'étranger d'une industrie étrangère qui n'emploie pas d'ouvriers français. Phénomène d'autant plus dangereux, que les conséquences de cet exode de capitaux échappent à la plupart des capitalistes qui le pratiquent, et que ces derniers finissent, comme M. Jourdain, par faire, à l'étranger, de la commandite sans le savoir.

Le compte-joint, au point de vue de l'économie nationale, présente donc un double inconvénient : il prive le Trésor d'une source de revenus abondante et soustrait à l'industrie nationale des capitaux qui sont indispensables à son développement.

Mieux qu'en votant des projets de loi draconiens qui, pour être efficaces, nécessiteraient un bouleversement de la législation de nos voisins, le gouvernement français mettra un terme à l'exode des capitaux en adoptant une politique financière plus éclairée, en cessant une lutte de classes qui consiste à tout demander au capital.

Le jour où un régime équitable — et avant tout stable — sera adopté pour les droits de succession, le jour où l'on cessera par des vexations inutiles d'apeurer un élément qui peut rendre tant de services à notre industrie nationale, le compte-joint perdra sa raison d'être, et les droits de succession seront acquittés sans fraude.

Mais ce jour-là seulement ! Car si nos législateurs persistent dans leur politique actuelle, à l'ingéniosité du fisc répondra l'ingéniosité des capitalistes, et les mesures de rigueur ne pourront qu'accentuer une fraude contre laquelle le fisc français, pour peu que les capitalistes sachent s'y prendre, se trouve à l'heure actuelle absolument désarmé.

Vu : le Président de la thèse
JACQUELIN

Vu : le Doyen,
LYON-CAEN

Vu et permis d'imprimer :
Le Vice-Recteur de l'Académie de Paris
L. LIARD

BIBLIOGRAPHIE

OUVRAGES JURIDIQUES ET ÉCONOMIQUES

1° **Droit français**.

a). — *Droit civil*.

Traités de droit civil de Aubry et Rau, Baudry-Lacantinerie,
      Demolombe, Duranton, Huc, Laurent, Planiol.

DENISART. — Donations entre vifs, § 12, n° 11.

FENET. — Travaux préparatoires du Code civil.

GUILLOUARD. — Du mandat.

PONT. — Petits contrats.

SALEILLES. — Essai général d'une théorie de l'obligation.

TROPLONG. — Du mandat.

ZACHARIÆ. — Droit civil français, t. V.

      b). — *Législation financière*.

ALLIX. — Traité élémentaire de la science des finances.

BOUCARD ET JÈZE. — Eléments de la science des finances et
      de législation financière.

LEROY-BEAULIEU. — Science des finances.

FUZIER-HERMAN. — Enregistrement (N° 313).

GARNIER. — Répertoire (N°ˢ 81 et 124).

NEYMARCK. — Finances contemporaines, t. IV.

STOURM. — Le budget.

RAFFALOVITCH. — Marché financier 1907-1908.

c). —*Economie politique.*

BOURGUIN. — Les systèmes socialistes et l'évolution écono-
    mique.

CAUWÈS. — Traité d'économie politique.

LEROY-BEAULIEU. — Traité d'économie politique.

d). — *Droit international privé.*

WEISS. — Traité de droit international privé.

e). — *Fraudes successorales et comptes-joints.*

GUILMARD. — L'évasion fiscale.

LESCŒUR. — Pourquoi et comment on fraude le fisc.

f). — *Droit commercial :* Traités de Lyon-Caen et
    Renault et de Thaller.

2° Droit étranger.

AUBERT. — Den Norske obligationsrets specielle Del.

BAR. — Das internationale Privatrecht.

BOEHM. — Handbuch der internationalen Nachlassbehandlung.

COSACK. — Lehrbuch des Deutschen Bürgerrechts.

DICEY. — Conflict of Laws.

ENDEMANN. — Einführung in das Studium des bürgerlichen
    Rechts.

HANSEN. — The act relating to estate, probate, legacy et suc-
    cession duty.

HOLLAND. — The elements of jurisprudence.

ITERSON (G. VAN). — Leidraad voor de Belastingplichtigen.

KRAH. — Erbrecht.

KRUCKMANN. — Institutionen des Bürgerrechts.

LEHR. — Eléments de droit anglais.

Ministère des Finances: Régime fiscal des valeurs mobiliè-
    res en Europe (Paris, 1901, Imprimerie Nationale).

POLLŒCK. — Principles of Contract.

RENTON. — Encyclopaedia of the laws of England.

SALING. — Börsenpapiere.

STEPHEN. — Commentaries of the laws of England.

TRAP. — Grundrids av Finans videnskaben.

WARBURG (MAX. — Vortrag an dem Bankiertag (1907).

WERTHEIM. — Wörterbuch des englischen Rechts.

SOURCES GÉNÉRALES

1º Publications.

Annales de droit commercial, année 1903 (nº de janvier)
        (art. de Hubert sur le compte-joint).

Annuaire de la Société de législation étrangère, année 1903,
        p. 460 sqq., droit fiscal suisse.

Bulletin commentaire des lois nouvelles (août 1903).

Bulletin de statistique et de législation comparées, mars 1908
        (serment décisoire).

CLUNET. — Journal de droit international privé.

    Année 1891, p. 1085, perquisitions du fisc français à l'é-
        tranger.

    — 1883, p. 13, renseignements communiqués par le
        fisc anglais.

    — 1894, p. 1142, renseignements communiqués par le
        fisc anglais.

    — 1899, p. 214, renseignements communiqués par le
        fisc anglais.

    — 1901, p. 722, renseignements communiqués par le
        fisc anglais.

    — 1902, p. 442, charges fiscales en France et à l'é-
        tranger.

    — 1903, p. 70, charges fiscales en France et à l'é-
        tranger.

    — — p. 792, présomption de part virile en cas de
        compte solidaire.

    — 1904, p. 316, présomption de part virile en cas de
        compte solidaire.

Année 1904, p. 114, risque du compte-joint.

—   —   p. 80, charges fiscales.

—   1905, p. 8, article de M. Wahl.

—   1908, p. 310, convention franco-anglaise.

—   1909, (mars) Lecœur : envoi en possession.

Correspondant, 10 juillet 1908, serment décisoire.

Economiste français :

1900, 6 oct., façon, dont s'acquitte l'impôt sur les successions.

—   20 oct., façon dont s'acquitte l'impôt sur les successions.

1902, 27 déc., droit fiscal suisse.

1903, 11 juillet, Stourm : tentations fiscales.

1906, 20 janvier, indicateurs à l'étranger.

—   28 avril, exode des capitaux.

—   26 mai, exode des capitaux.

1907, 23 février, don manuel.

—   23 mars, indicateurs à l'étranger.

—   25 mai, prospectus de banques étrangères.

—   17 août, relatif aux comptes-joints.

—   31 déc., placements à l'étranger.

1908, 28 mars, les dépôts de titres à l'étranger.

Financial new *passim* (années 1907 à 1910).

L'Opinion, 18 juillet 1908, Fernand Faure. Après six mois de
discussions.

L'Opinion, 1er août 1908, Fernand Faure. Après 6 mois de discussions.

Le pour et le contre, *passim*, années 1907 à 1910.

Le Rentier,   —   —

La Revue économique et financière, voir les nombreux et
remarquables articles consacrés par M. Kergall aux
comptes-joints depuis 1906.

Statist., 30 janv. 1892 publicité des successions en Angleterre.

Répertoire général pratique du notariat et de l'enregistrement (années 1906 à 1910).

2° Journal Officiel

a) *Débats parlementaires.*

Année 1906, Séance du 12 juillet.
— 1908, — 6 février.
— — — 2 juin.
— — — 16 —
— — — 22 —
— 1909 — 21 janvier.
— — — 25 —
— — — 9 février.
— — — 2 mai.
— — — 6 juillet.
— — — 30 novembre.

b) *Documents parlementaires* (Chambre des députés).

1907, Annexe 1288, p. 40, (séance du 4 nov. 1907) proposition Ch. Dumont ayant pour objet de réprimer les fraudes en matière de droits de succession.

1908, Annexe 1571, projet de loi de M. J. Caillaux ministre des Finances, tendant à réprimer les fraudes en matière de droits de succession.

Annexe 2115, rapport Ch. Dumont sur le projet de loi tendant à réprimer les fraudes en matière de droits de succession (envoi en possession spécial).

Annexe 2036, rapport général sur le projet de loi portant fixation du budget pour l'exercice 1909.

3° **Dalloz.**

Les nombreux arrêts étudiés se trouvent cités aux chapitres consacrés au mandat ; à l'obligation solidaire et au dépôt en banque.

DEPUICHAULT

TABLE DES MATIÈRES

MAYENNE, IMPRIMERIE DE CHARLES COLIN